Thomas Kapielski

Danach war schon
Gottesbeweise I–VIII

Thomas Kapielski (*1951) studierte Geographie, Philosophie und Musikwissenschaft. Als Künstler, Musiker, Fotograf, Performer, Brülltherapeut und Kultautor ist er einer der bekanntesten Vertreter der (West-)Berliner Literaturbohème. Von der *Zeit* wurde er als »Vollender des Künstlerromans« gefeiert, von der *Woche* als »Trash-Titan«. Kapielski lehrt als Professor an der Kunst-Akademie Braunschweig.

»Für zehn Seiten Kapielski gebe ich gern den gesamten Debütantenkram her, um den gegenwärtig so viel Bohei gemacht wird.« *(Literaturmagazin Listen)*

Thomas Kapielski

Danach war schon

Gottesbeweise I–VIII

Zweitausendeins

1. Auflage der durchgesehenen Neuausgabe Juni 2001.
Copyright © 2001 bei Zweitausendeins, Postfach, D-60381 Frankfurt am Main.
www.Zweitausendeins.de

Fotos: Thomas Kapielski.
Lizenzausgabe mit freundlicher Genehmigung des Merve-Verlags, Berlin.

Alle Rechte vorbehalten, insbesondere das Recht der mechanischen,
elektronischen oder fotografischen Vervielfältigung, der Einspeicherung
und Verarbeitung in elektronischen Systemen und Kommunikationsmitteln,
des Nachdrucks in Zeitschriften oder Zeitungen, des öffentlichen Vortrags,
der Verfilmung oder Dramatisierung, der Übertragung durch Rundfunk, Fernsehen
oder Video, auch einzelner Textteile. Der *gewerbliche* Weiterverkauf und der
gewerbliche Verleih von Büchern, CDs, Videos oder anderen Sachen
aus der Zweitausendeins-Produktion bedürfen in jedem Fall der schriftlichen
Genehmigung durch die Geschäftsleitung vom Zweitausendeins Versand
in Frankfurt am Main.

Lektorat der Neuausgabe: Ekkehard Kunze (Büro W), Wiesbaden.
Herstellung: Dieter Kohler GmbH, Nördlingen.
Druck: Gutmann + Co GmbH, Talheim.
Einband: G. Lachenmaier, Reutlingen.
Printed in Germany.

Das Papier dieses Buches besteht zu 50 Prozent aus Altpapier.
Überzug und Vorsatz sind 100 Prozent Recyclingpapier. Das Kapitalband
wurde aus ungefärbter und ungebleichter Baumwolle gefertigt.

Diese Ausgabe gibt es nur bei Zweitausendeins im Versand,
Postfach, D-60381, Frankfurt am Main, Telefon 069-420 8000
oder 0180-23 2001, Fax 069-415 003 oder 0185-24 2001.
Internet www.Zweitausendeins.de, E-Mail info@Zweitausendeins.de.
Oder in den Zweitausendeins-Läden in Berlin, Düsseldorf, Essen,
Frankfurt, Freiburg, 2x in Hamburg, in Hannover, Köln, Mannheim,
München, Nürnberg, Saarbrücken, Stuttgart.

In der Schweiz über buch 2000, Postfach 89, CH-8910 Affoltern a. A.

ISBN 3-86150-377-8

Inhalt

I.
Der Hamburg-Nordhausensche
Seite 7

II.
Bekenntnisse
Seite 23

III.
Die Hannoverschen
Seite 35

IV.
Die zwiefachen Zeugen
Seite 53

V.
Irrlehren und Linsengerichte
Seite 61

VI.
Krippenspiele
Seite 105

VII.
Oströmische Klassenlotterie
Seite 131

VIII.
Weißgottwarum
Seite 147

I.
Der Hamburg-Nordhausensche

> Ja ja; nein nein.
> *Matthäus 5,37*
>
> Wenn's in der Welt gärt:
> Immer um Geldwert!
> *Christiane Seiffert, Die schönsten Stellen*
> *aus der Dissertation meines Mannes*

»Bei Gott, dem Dicken! Was soll der Quatsch?« – Ich sträubte mich wieder gegen Modernisierungen; damals verwünschte man als Jungakrosoph die Geldautomaten und die dazu benötigten Karten. Freund Butzmann, der emphatische Konsumist und Neuerer, hatte mich dann doch einmal von den Segnungen der sogenannten Euroscheckkarte überzeugt, als es ihm nach gemeinsam erledigter Arbeit und anschließend durchpraßter Januarnacht 1981 in Den Haag mir nichts, dir nichts gelang, unter Zuhilfenahme eines geringfügigen Kärtleins einen gewöhnlichen Geldautomaten anzuregen, zwei klammen Ausländern sechshundert Gulden auszuwerfen, die wir prompt in Matjes und Bier eintauschten. Am nächsten Tag wurden uns wiederum sechshundert Gulden an einer solch eigentümlichen Elektroluke bewilligt! – »Geldautomaat! Du holländisches Donnerwort!«

Ich beantragte eine ebensolche Euroscheckkarte. Es kam eine hochgeheime Post ins Haus, worin sich die »Geheimnummer«, eine lediglich vierstellige, hochbanale, andererseits schlecht zu merkende Zahlenkombination befand. Es ließ sich kein Merkmuster hineinlesen; die Ziffern waren jeder noch so ausgefeimten Gedächtnisstützung abhold, und so sicherte ich sie vorerst vielmals schriftlich auf Blöcken und Zetteln.

Auf einem aparten Zusatzschrieb wurde freilich geraten, die Zahl irgendwo zu verstecken, sie in ihrer amtlichen Mitteilungsform aber auf jeden Fall zu vernichten und besser überhaupt auswendig zu lernen und aus Gründen der Sicherheit außerhalb des Gedächtnisses völlig zu tilgen. Ich verfeuerte die Zettelblöcke auf allerlei Aschern und notierte die störrische Zahl verdeckt in irgendeinem meiner Buchbände, vergaß jedoch umgehend und gründlich, in welchem. Dann wandte ich allerhand Zauber und »Lullische Künste« auf, um die Zahl mnemotechnisch zu zähmen, und es gelang mir auch anläßlich jäher Stichproben, sie fortan hinreichend aufzusagen. Anschließend trat ich eine erste euroscheckkartengestützte Dienstreise an.

Vorerst aber dies noch: Es hatte sich zuvor in den siebziger Jahren eine von Josef ›Biby‹ Wintjes eigentümlich betriebene Versandklitsche für literarischen Underground in Bottrop niedergelassen, von wo man die Zeitschrift ›Ulcus Molle Info‹ zyklisch ins Land hinausjagte. Man hatte sie als Initierter abonniert. Allerart Ploog-Typen und Heftchenmacher spukten durch das freihändig gestaltete Blatt, und hier, aber auch anderswo, begegnete einem auch immer wieder die Hamburger ›Buch Handlung Welt‹ der Hilka Nordhausen als unverzichtbare Größe des literarischen Untergrundes, in welchen ich selbst bestrebt war hinabzusteigen, um von dort den Aufzug in jene möblierten Stockwerke zu nehmen, wo man das Knöpfchen drückt, wo dransteht: Hic habitat poeta laureatus Kapielskius! – Jenau hier: wohnt der berühmte Dichter Kabolski! Zweimal klingeln, bitte! – Ding dong! (»Wie aber west das Ding? Das Ding dingt.« Und der Gong gongt.) Und dann würde ich im pelzverbrämten Bademantel mit Goldtroddeln noch auf der Schwelle die entgegengestreckten Schweinslederbände der Werkausgabe signieren.

Nun war es mir zur gleichen Zeit nach Hin und Her sogar gelungen, im ›EVS‹ (Eigenverlag stinkt) ein mir heute noch

peinliches Heftchen voll illustrierten Frühwerks herauszugeben, welches man dann selber vertreiben mußte, was man für problemlos und völlig nebensächlich hielt. Man verschickte den Geniestreich an drei, vier ausgewählte Adressen, von wo aus er ohne jegliches Dazutun ganz gewiß eine Kettenreaktion auslösen würde. Unverständlicherweise und tatsächlich aber wurde das verkorkste Dingens allenthalben refüsiert, und nur Hilka Nordhausen hatte damals in Hamburg ohne viel Aufhebens ein Exemplar großmütig in Kommission genommen, und in Berlin hatte Brockmann von der ›Heinrich Heine Buchhandlung‹ sogar eins gekauft. – Grundgütiger Himmel! Zwei von fünfzehnhundert Exemplaren!
Ahoi! Alle Jahre übermannt mich die Lust, nach Hamburg zu fahren. Zwar schien mir das Wetter auf Schnee zu grübeln, aber was soll's: Ich habe das Hafenweh, die Luft ist weit und tauglich, trübe Seelen zu filtrieren; man fährt alle Jahre hin, latscht die Landungsbrücken ab, besteigt die Schute zur kleinen Hafenrundfahrt und singt an Bord beherzt das schöne: »Tiefe Stille herrscht im Wasser, / Ohne Regung ruht das Meer«, woraufhin die Bootsmannschaft a cappella: »Und bekümmert sieht der Schiffer / Glatte Fläche rings umher« anfügt und dann, con calore, die Zeilen »Keine Luft von keiner Seite! / Todesstille fürchterlich! / In der ungeheuren Weite / Reget keine Welle sich« folgen läßt, woraufhin der Kapitän selbst dann immer solo und zur größten Freude und Überraschung aller übrigen vom Liede schon sehr finster angerührten Hafenrundfahrter für gewöhnlich noch die treffliche Coda aus der Sesamstraße »Alles im Lot auf'm Boot! / Alles in Butter auf'm Kutter!« hinten dransetzt. Dann geht man an Land und faßt zur Belohnung in der Karpfangerstraße ungeheuerliche Tintenfischteller zum Rijocha, was ich nun erstmals mit der Scheckkarte zu bezahlen mir vornahm. Dann läuft man hoch, am ›Astrabräu‹ vorbei, am Krankenhaus (wo der Patient, wieder zu sich gekommen, auf eine blaue, mit Sternen ver-

zierte Zimmerdecke schaut, auf der geschrieben steht: »Sie befinden sich in der Ausnüchterungszelle des Hafenkrankenhauses Hamburg!«), und guckt sich weiter nördlich die Nutten an. Woran sich weitere widerchristliche Kreuz- und Querzüge fügen, die nur dem Zwecke dienen, weitere Biere aufzunehmen und das andere Geschlecht zu inspizieren. Mors, Mors! Hummel, Hummel!
Und noch was anderes: Ich wohnte damals mit Peter Gente, welcher mit Heidi Paris den Berliner ›Merve Verlag‹ betreibt, in einer Art philosophisch möblierten Wohngemeinschaft. Er gab mir nun einen quasi dienstlichen Auftrag mit auf den Weg nach Hamburg: »Kapielski, bring mir doch mal aus der Weltbuchhandlung den Katalog von Mike Hentz mit, den sie da gemacht haben. Und grüße Hilka Nordhausen!« So hatte ich jetzt neben der Absicht, eine pure Vergnügungsfahrt zu unternehmen, auch dienstliche Order und konnte Hamburg, den Buchladen als auch Hilka Nordhausen endlich einmal sogar professionell erleben und hierbei meine frische Euroscheckkarte erproben sowie einfach mal testen, ob das kümmerliche Kärtlein die Tüchtigkeiten besaß, die man ihm neuerdings überall nachsagte.
Zur gleichen Zeit begab es sich aber, daß der damals im Nachtrab strukturalistischer Literaturbegeisterung umherspukende Begriff des ›Virtuellen‹ allen sehr dunkel blieb, vielleicht aber gerade darum sich großer Beliebtheit erfreute und auch eben darum dazu herhielt, alles Ungenaue, Obskure, Halb- und Mißverstandene präzis umnebelt zu benennen. Nur allzubald aber sollte ich ihn verstehen lernen!
Im Zug nach Hamburg gab es seinerzeit zwei Annehmlichkeiten: Die erste bestand darin, daß der Zug bis auf die Kontrollstopps an der Sektkorkengrenze zwischen Berlin und Hamburg nicht anhielt, weswegen auch niemand zusteigen und lästig werden konnte. (Außer Büchen!) Man blieb unter sich; ganze Abteilladungen wuchsen sich im Laufe der fünfstündi-

gen Fahrt, von Stumpfsinn und Alkohol überschwemmt, zu beachtlich aufgelegten Kollegenkreisen aus.
Ein zweiter Komfort ließ sich anitzo im Mitropa-Speisewagen alter Bauart auskosten; dort sammelten sich unter den ungläubigen Augen des Bordpersonals und der begleitenden Grenztruppen der DDR die entschiedensten als auch insgesamt stabilsten Reisezecher um ehemals DDR-übliche Speisen, orderten unersättlich grausam überzogene Schnapsfuhren und lärmten um die stumpfsinnigsten Zoten und Pointen wie die Orientalen selbst. Das ganze türmte sich während der Fahrt zu allerhand Heikelkeiten: Es kam vor, daß die Ordnungskräfte ungeachtet des großen Valutadurstes der DDR den Ausschank bremsten! Ich selbst zog gleichwohl den Trink- und Speisewaggon dem etwas zu familiären Abteilbetrieb vor, den ich hin und wieder abzupendeln mir dennoch nie verkneifen konnte.
Kurz, man traf für gewöhnlich doch ziemlich zusammengetrunken gegen zwei Uhr mittags am Hamburger Hauptbahnhof ein und gönnte sich besser immer erst noch ein halbes Stündchen in der einschlägigen Bahnhofswirtschaft, die Besinnung wiederzuerlangen. Dann nahm man die U-Bahn Richtung Landungsbrücken, konnte Feldstraße aussteigen, stieg aber lieber St. Pauli aus, wo nun leider auch ›Heinz Karmers Trinkhalle‹, mit Kai ›Biernatzki‹ Damkowski als unentbehrlichem Dauergast, unter einer entbehrlichen Bürohalle beerdigt liegt und wo man auf dem Heiligengeistfeld gegenüber noch etwas Rummel durchlebte und infolgedessen geradezu frischluftbetäubt nordwärts aufs Karolinenviertel stieß, wo sich die Marktstraße und in ihr auch die ›Buch Handlung Welt‹ befanden.
Ich bemühte mich vor Eintritt um etwas Façon und lief dann forsch auf die Tür zu. Der Laden war abgesperrt. Durchs Türglas konnte man eine Frau sehen, die mit geschlossenen Augen zwischen Hunderten von ordentlich auf dem Boden aufgereihten Büchern ebenfalls auf dem Boden wie in einem beschla-

genen Hibernakulum lagerte. Es gibt ein Foto von Malraux, auf dem er inmitten seines »imaginären Museums« zwischen gleichfalls auf dem Boden verteilten Büchern steht und von oben fotografiert sehr wach und freundlich gelehrt nach oben in die Kamera schaut. Was man hier durch die Türscheibe sehen konnte, war, was die Bücher betraf, auch irgendwie, wenn auch oberflächlich nicht erkennbar, systematisch, dunklen Modi folgend und auch äußerlich durchaus geordnet auf dem Fußboden ausgelegt, nur, daß sich dazwischen ein doch irgendwie somnambul zerzaustes Weib befand, welches weiß Gott nicht aufrecht stand, sondern sogar im heideggerschen Sinne aufrichtig hingeworfen wirkte. Ich klopfte nur zaghaft, traute mich nicht, dieses dormitante Arrangement mit liegender Dame zu stören. Was nun? Ich hatte schließlich dienstliche Aufträge zu erledigen!
Gleich nebenan, Eingang vis-à-vis, hauste ein Klamottenladen für Hipsterbedarf. Ein zuvorkommender, nach damals neuster Mode, also fast so wie heute gekleideter, allerdings auch schon etwas ökologisch verhunzter Fachverkäufer klopfte hilfreich Geheimrhythmen wider die Buchladentür. Die Dösende reagierte matt und langwierig auf die Klopfzeichen des Textilhändlers, leuchtete endlich schwach auf und wankte herbei. Ihre leicht abhandene Befindlichkeit schien sich neu zu sortieren, sie steckte schon den Kopf durch den Türspalt: »Wer da?« – »Ich bin da!« – »Oha!« – Ich wurde eingelassen.
Sodenn. Wir starteten ein übliches Vorstellungsgespräch, und so stellte sich endlich heraus, daß es sich bei der Liegenden um Hilka Nordhausen selbst gehandelt hatte, die in mir auch sogleich und überaus froh einen ihrer Lieferanten selbstgemachter Heftchen und Kommissionskunden erkannte, welche harmlos sind, weil sie keine finanziellen Ansprüche erheben dürfen, sofern ihre in Kommission befindlichen Bücher nicht verkauft sind. Und das sind sie meistens. Und so war es auch bei mir der Fall: Meine EVS-Neuerscheinung lag erfreulich

berieben, bestoßen, etwas stockfleckig, mit starken Anstreichungen, rissigen Gelenken und staubig im Schnitt, just wie ein Prunkstück aus dem modernen Gebrauchtbuchhandel zwischen anderen, eher uninteressanten Scharteken in der Auslage, und es war klar, es hatten sich zumindest etliche Kunden dafür interessiert, den Kauf aber leider wohl vorerst hintangestellt. Hilka Nordhausen lotste mich nun durch die Bodenauslage ins Innere des Geschäfts und sperrte auch den Laden sofort wieder hinter uns ab: »Es muß nicht immer alles verfügbar sein!«

Damals las man mehr oder weniger ›Die Ordnung der Dinge‹ fast sogar ganz, sofern man die anfängliche Bildbesprechung hatte schadlos nachvollziehen können. Hiervon angeregt, sortierte man das eigene Gedankengut gern in ebensolche kryptisch verschraubten Diskursschachteln. Hilka Nordhausen hatte irgendeinen Nomos ausbaldowert, nach dem sie das Buchsortiment parterre neu ordnete, und hatte sich zur Probe seiner Wirksamkeit auch gleich ein wenig dazugelegt und mit hineinsystematisiert; worüber wir sofort auch gelehrt debattierten, denn es handelte sich bei den Argumenten ihrerseits um theoretisch leicht verhackelndes Wirrgut, weswegen ich ordnungshalber vorschlug, den recht einleuchtenden kosmologischen Gottesbeweis in folgender Weise auf die hiesigen Ordnungsprobleme zu variieren; also: Ein bedingtes Dasein hat ein anderes Dasein zu seiner Bedingung. – Gut! – Ist die Bedingung des bedingten Daseins wieder ein bedingtes Dasein, dann ist die Bedingung der Bedingung auch eine Bedingung des ersten Daseins und somit immer folgender Ordnung. – Auch klar. – Es muß also am wirklichen Anfang etwas Außerordentliches, Unbedingtes stehen! – Und das war hier natürlich der mehrdimensional gedachte Nordhausensche Nomos in zweidimensionaler Ebene! – Soweit waren wir uns einig. (Übrigens: Philosophie ist nicht zum Verstandenwerden da! – Soweit waren wir uns auch einig.)

Ich allerdings war immer großer Anhänger des ultrafrappanten Anselmschen, auch ontologischen Gottesbeweises gewesen, der mit dem wahrlich siebzehnten Trick arbeitet, indem er auf die Existenz eines dem Begriff gemäßen Gegenstandes schließt, was faul und so richtig auch erst von Kant bemerkt worden ist! Beispiel analytischen, also tautologischen Urteilens: Existierten Ufos nicht wirklich, sondern nur als Idee, so widerspräche dieser Mangel dem Begriff vom Ufo als des absolut allerrealsten Dinges. Es muß sie also geben, weil es sie nämlich schon als Idee gibt. Hähä! Also ist völlig einleuchtend: Fides quaerens intellectum. Respektive: Credo ut intelligam usw.

Hieraufhin sprach Hilka, sie brauche keine Gegenargumente, sie sei selber dagegen! Tür zu. Abgang. Denn jetzt reichte es! Es war jetzt besser, in die ›Erbse‹ zu gehen und die Gesprächsstoffe idiotischer zu setzen. Es muß nicht immer alles verstehbar sein! Wohlgemerkt, wir haben nichts gegen Intelligenz, aber tagsüber genehmigten wir uns doch lieber ein ordentliches Bier.

Die ›Erbse‹ war eine ungewöhnlich verdorbene Gaststätte, ebenso wie die ›Buch Handlung Welt‹ an der Marktstraße gelegen, und sie schien Hilkas Stammwirtschaft zu sein. Verschiedene Herrschaften ruhten schlecht beleuchtet in Armbeugen inmitten trüber Lachen an Tischen und Theken vor schalen Alkoholgetränken in unförmigen Bierpullen (die sonst ja in Hamburg an sich extrem schön geformt sind), schütteten auch hin und wieder einen ungepflegten Knallkümmel in ihre qualmenden Schnapsluken und lauschten matt der zwischen den haushohen Aschbechern hindurchbrüllenden, inhaltlich betrachtet, unfaßbar zahnlosen Musikbox, wobei sie ihren Urin, wenn nicht direkt untertischs, rückwärtig in sperrangelweit stinkenden Verliesen abschlugen. Wir wurden von einem trinkversehrten, nahezu ohnmächtigen Schankwirt zu schleppendem, aber stetigem Schnapsverzehr aus Mostrichgläsern

genötigt, und es gelang mir nur mit Mühe, ab und zu ein minderes Flaschenbier der Firma ›Astra‹ an die Stelle einer neuerlichen Schnapsfuhre zu setzen.

Auf unerklärliche Weise fanden wir uns Stunden später auf dem nahe gelegenen ›DOM‹-Rummel wieder und nahmen eine Karussellfahrt auf einem Fahrzeug namens ›Turbodriller‹ in Augenschein. Wir bestiegen die Schleuder und zentrifugierten einen neuen peripatetischen Disput; denn zwischen ›Erbse‹ und ›Turbodriller‹ hatte es eine Art leere Zeit gegeben, weswegen unserer Meinung nach folgendes als Irrlehre anzusehen war: Da der Anfang ein Dasein ist, wovor eine Zeit vorhergeht, darin das Ding nicht ist, so muß eine Zeit vorhergegangen sein, darin die Welt nicht war, d. i. eine leere Zeit. Nun ist aber in einer leeren Zeit kein Entstehen irgendeines Dinges möglich; weil kein Teil einer solchen Zeit vor einem anderen irgendeine unterscheidende Bedingung des Daseins, vor der des Nichtseins, an sich hat. Also kann zwar in der Welt manche Reihe der Dinge anfangen, die Welt selber aber kann keinen Anfang haben und ist also in Ansehung der vergangenen Zeit unendlich.

Das also war augenscheinlich Quatsch; wir hatten es ja gerade erlebt: die leere Zeit zwischen ›Erbse‹ und ›Turbodriller‹! Und der ›Turbodriller‹ ließ es auch irgendwie noch evidenter werden: daß die Thomisten wohl doch recht hatten. Kein schöner Gedanke, aber nuda veritas. Und im ewigen Kreisverkehr ist denn doch mehr Wahrheit enthalten, als Otto Weininger mit seinen »letzten Dingen« linear wahrhaben mochte. Fand Hilka auch: »Richtig! Denn dieser Mann hatte 'n schlechten Charakter.«

Nachdem wir uns rechtschaffen schwindelig gerummelt hatten, beschlossen wir nach allerhand Unschlüssigkeiten doch wieder die ›Erbse‹ zu bevorzugen. (Ewige Wiedereinkehr!) In diesem Zusammenhang brach erstmals Unglück über mich herein. Mir war das Geld alle geworden. Die ›Erbse‹ hatte schon anläßlich unseres ersten Tagesbesuches die Geduld verloren und erwartete zumindest Gesten vorsätzlicher Zahlungsfreudigkeit. Da setzte ich mitten auf der Feldstraße ein Haltekommando in die Luft und entsann mich meiner fabrikfrischen Euroscheckkarte.

Au ja! Auch Hilka Nordhausen mußte die finanztechnische Neuerung bekannt gewesen sein, denn sie bugsierte mich präzise in die Nähe einer solchen Zahlstelle, wo sie mir erklärte, daß ihre Möglichkeiten hierbei leider längst erschöpft seien, woraufhin ich beherzt und kavaliershurtig meinen Magnetstreifen richtig rum in den zuständigen Schlitz schob und die nötigen Handlungen vollzog. Dazu trat ich vor das Gerät und wußte: Es gibt eine vierstellige Nummer, sogar eine gewichtige, mit Kraft und Möglichkeit versehene, mir diese Bundeslade und alle sonstigen geldwirtschaftlichen Vorratskammern der Welt zu öffnen: meine Geheimnummer, die allseits, gottlob!, kein Mensch kannte.

Ich leider auch nicht mehr!

Nach drei Versuchen schluckte der öffentliche Geldschrank meine Scheckkarte und gab sie, obwohl Hilka Nordhausen ihn mehrmals energisch in den Magen boxte, nicht wieder her. Da gab es also ein mit Virtus versehenes Ziffernquartett, von dem man nurmehr wußte, daß es sich leider und aller Lullischen Künste zum Trotz nicht hatte merken lassen, und welches nun in Lethe getunkt ganz kraftlos einer anderweitigen Verwendung harrte oder sonst was. Es gibt also Sachen, die es gar nicht gibt! Und die sind ›virtuell‹! Jetzt wußten wir, was das ist, kamen aber nicht an die dringend benötigten Zahlungsmittel!

Wir betrachteten das unbegreifliche Geldgerät, während dieses seinerseits uns recht blöd im Auge behielt, und ventilierten zunächst ratlos eine Theodizeevariante: das Problem der Rechtfertigung von Geheimzahlen hinsichtlich der durch sie verursachten Übel in der Welt. Also: Was ist los mit dem Scheißapparat? Entweder 1) er will auszahlen, kann aber nicht; dann ist es eine Willens- oder besser Könnensschwäche, oder 2) er kann, will aber nicht; dann ist er mißgünstig und bösartig, oder 3) er will weder, noch kann er; dann taugt er gar nichts, oder 4) der Geldautomat will und kann auch. Warum tut er's dann nicht?

Man wollte der Schatulle keine Niedertracht unterstellen, also traf hier die allzu menschlichste Variante 1) den Kern des Problems – er will, kann aber leider nicht –, und somit alarmierten wir 5) die Polizei!

Worauf ich selbst nie und nimmer gekommen wäre! Hilka Nordhausen aber gelang es, auch in mich die Überzeugung zu pflanzen, daß es sich schließlich um den einstweilen schwachen, also auf Verstärkung angewiesenen Willen eines Geldautomaten und unser Eigentum handele und es jetzt auch schon zeitig sei, weswegen wir auch bald mal endlich wieder in die ›Erbse‹ zurückmüßten, was nur mit Geld und – »Denk doch mal nach!« – Peterwageneinsatz möglich sei! Hilka Nordhausen argumentierte so schlüssig, daß dies endlich auch der inzwischen eingetroffenen Streifenbesatzung und den um uns

neuerdings zahlreich versammelten und vor Schaulust zitternden Menschenmassen einleuchtete. Letzteren aber doch mehr noch als den Beamten, denn jene bestärkten uns am Anfang mehrfach volksentscheidend wider die zwo zögernden Wachtelmeister. Diese nämlich waren faul, das Volk aber war erlebenslustig. So ging es hin und her im ›sic et non‹-Verfahren: »Doch, doch!« – »Nö, nö!«
Einer von den zwei Streifenbeamten handelte nun unverhofft klug: Er benachrichtigte, freilich aus niederen, subalternen Gründen, die Zentrale, welche, um ihrerseits Arbeit zu vermeiden, die zuständige Bank verständigte, welche, um ihrerseits Ärger zu vermeiden, eine ständig irgendwo im Wartestand befindliche Inspektions- und Reparaturkolonne losschickte, die mit Hilfe doppelbärtiger Schlüssel und allerhand Zauberhandlungen und unter allgemeinem Beifall der Menge meine Scheckkarte aus dem dämlichen Elektrosafe befreite. Da rief das Volk: »Hurra! Dank sey Gott, der uns diesen Sieg gegeben hat durch unsern Herrn Jesum Christum. Amen« (1. Korinther 15,57). Aber so leicht war's ja nun auch wieder nicht gewesen, denn: Amat victoria curas – Ohne diese Anstrengung wären wir bankrott davongeschlichen.
In diesem Moment allgemeinen Taumels wurde mir nun die Kraft zuteil, etwas Verwegenes zu riskieren: Ich trat vor und hielt die unglückselige Zahlkarte in die Höhe: »Volk von Hamburg! Wir haben, so es glückliche Umstände wollten, wiederum drei Versuche! Nun habe ich in Gottes Namen! und ein für alle Mal die Scheißgeheimzahl vergessen. Also soll diesmal die ehemalige Drogistin und nunmehrige großartige Buchhändlerin und Künstlerkollegin Hilka Nordhausen die drei Versuche nach eigenem Gutdünken coram publico durchführen. Möge ein Gottesentscheid den Mammon rühren oder auch nicht! Amen.«
Ein gottesfürchtiges Raunen ging durch die Menge, die Geldautomatenwärter verriegelten den wiederum ordentlich auf

Normal- und Betriebsbereitschaft eingestellten Apparat und plazierten sich vor den Massen neben die zwei Schupos in der vorderen Reihe, woraufhin Hilka mit dem ihr von mir übergebenen Scheckdingsbums an den Bedienstand trat, die üblichen geheimen Handlungen vollzog und im zweiten Versuch vierhundert Mark herauszog!
»Herr im Himmel! – Nun danket wieder alle Gott!« Die Masse tobte! Nur die Automatenmänner stutzten und prüften nochmals den ordnungsgemäßen Zustand des Auszahlungsgerätes, stellten jedoch keinerlei Unregelmäßigkeiten fest. Die vormals so bürgernahen Streifenbeamten besannen sich für Momente und schlugen sich im Kampf der Sparbüchsen gegen die Schatztruhen auf einmal ganz seelenlos auf die Seite der hamburgisch-fiskalischen Obrigkeit, indem sie wiederum und auch fernmündlich schikanös Hilka Nordhausens und meine Personalpapiere kontrollierten, fanden jedoch keinerlei Fahndungserbeten oder sonst was Diffames vor und entfernten sich all so blamiert unter dem erklecklichen Gejohle der Volksmassen nach sonstwohin. »Sackpinscher!«
Jetzt war es soweit! Wir hätten die Rotte bewaffnen und aufs Rathaus führen können! Nun wurde aber, weil uns dies zu umständlich schien und wir auch endlich zurück in die ›Erbse‹ wollten, die Lage ungemütlich. Da der gewohnte Volksfeind in Form von Obrigkeit, Schmiermichel sowie ominös technischer Hilfstruppen verschwunden war, mithin das Feindbild fehlte, wurde die Lage für uns brenzlig; denn wir wurden mit einmal wie Lottogewinner angesehen, und man erwartete anstelle der von uns angeführten Raubzüge und Brandschatzungen zumindest Freibierlagen an einem nahe gelegenen Stehbierstand, dessen Besitzer zuvor regen Anteil am Geschehen und auch selbstverständlich für uns Partei genommen hatte. Allein, für solche Ausstattung von womöglich ausufernden Volksfesten sind vierhundert Mark ein schmächtiges Sümmchen! Es galt also, einen Ausweg zu finden, den wiederum

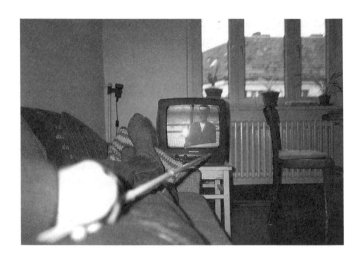

Hilka Nordhausen solchermaßen ebnete: »Leute! Alle mal herhören! Wir holen jetzt mit Taxi noch mal vierhundert woanders raus und treffen uns dann alle in zwanzig Minuten wieder hier! Ihr könnt inzwischen überall Bescheid sagen.«
Ich dachte, o Gott!, ist das nicht ein wenig schwächlich argumentiert? Nein, denn warum soll der Herr Geld ausgeben, wenn er Wunder machen kann? Und wie Massen so sind, nahmen sie die von der Stehbierbude aus herbeigerufene Droschke für so etwas wie ein Pfand auf unser Versprechen und winkten einsatzfreudig und begeistert nach, als wir in die ›Erbse‹ davonfuhren. Außerdem bewirkte das »Allen-Bescheid-Sagen!«, daß sich der Pöbel aufs erste zerstreute und entschärfte.
Am nächsten Tag ging es uns schlecht. Am nächsten Tag hatte auch Hilka die Geheimzahl fortgespült, hatte bereits an zwei Automaten versagt, und einen dritten Versuch verweigerte ich ihr, ganz ohne Glauben an neue Wunder. Wohingegen aber in der Zeitung stand, daß auf dem Heiligengeistfeldrummel ein Apparat namens ›Turbodriller‹ verunglückt sei und mehrere Menschen in die Gräber geschleudert habe. Da freuten wir uns.

Weiter wurde vermerkt, daß es im Karolinenviertel, in der Nähe eines Geldinstitutes, Ausschreitungen gegeben habe, diese hätten sich dann aber ebenso plötzlich und unerklärlich aufgelöst, wie sie entstanden seien. Da freuten wir uns auch.
Ich aber fuhr nach Hause, übergab den dienstlichen Mike-Hentz-Katalog und legte mich hin, ganz so wie es Christian Fürchtegott Gellert getan, nachdem er den Satz geschaffen hatte: »Er lebte, nahm ein Weib und starb.«
1993 starb Hilka Nordhausen an Krebs.
Warum gibt es so etwas und überhaupt viel besser gar nichts?

II.
Bekenntnisse

> Ich möchte mich weder zum König
> noch auch nur zum Freund haben, und wenn
> ich mir begegne, erschaudere ich.
> *Hans Imhoff, Republikanische Blüte*

> Europa ist alt geworden.
> *Walter Bröcker, Poetische Theologie*

> Es ist die Ekstase, die mir fehlt.
> *Hilka Nordhausen, Glücklichsein für Doofe*

> Tolle, lege!
> *Augustinus, Confessiones*

Den Autor eines Buches kennenlernen zu wollen, weil man sein Buch schätzt, ist so, als wollte man – zum Vergleiche schwankend hinkend – das Glas kennenlernen, aus dem das Bier geschmeckt hat.

»Was sind denn Sie für ein Mensch?« Was soll man da sagen? Das ist schwierig. Man beseelt seine Fleischhülse und müßte es wissen und ahnt es vielleicht sogar, solange man nicht darüber nachdenkt. Tut man es, weiß man gar nichts mehr! Insofern habe ich mich eigentlich noch nie verstanden und mische mich auch nicht gern in meine Privatangelegenheiten ein.

»Heute geht es mir prima!« – Eine gelöste Feststellung, denn morgen bekümmert von neuem Trübsal mein Befinden, und dann steht das Fleisch des Geschriebenen wieder auf und lügt gedruckt.

Ich stehe meist sehr früh auf, entsprechend früh gehe ich schlafen. Die Nacht ist mir zu bevölkert, und der Wunsch, lange aufbleiben zu dürfen, ist in meinem Alter würdelos. Früh

schreibe ich ein paar Stunden Behauptungen dieser Art, dann lese ich etliche Stunden Behauptungen anderer, und dann warte ich, bis es zu vertreten ist, tagsüber ein Bier trinken zu gehen.
(Die »Ich«-Be/Schreiberei ist – selbst selbstanpinkelnd – im Grunde natürlich eine hochgenante Angelegenheit und muß gelegentlich nur sein. Ich bin mir gleichwohl im unklaren, ob der Gedanke, das Ich sei hassenswert, nicht selbst hassenswert ist. Also:)
Im ›Blauen Affen‹ mache ich eine tägliche Sorgenpause, sitze als prästabilierte Harmonade ganz ichvergessen in immer dieser selben Rollwenzelei selig am selben Platze, studiere die Zeitungen FAZ und BZ in umgekehrter Reihenfolge, denke nach und sinne hin oder sitze nur so da, genieße den Trunk aus Halbliter-Monstranzen und lerne interessante Biergläser kennen, wobei ich ihren Äußerungen folge: »Das Krughafte des Kruges west im Geschenk des Gusses!« – Aha! Somit gilt auch: Halte den Willybecher fest, dann werden Einfälle entspringen! (Rem tene, verba sequentur!)
Beträumen der Alltagslage, dazu kleine Übungen: Warten ohne zu warten, das ist, sofern nicht unangenehm schwer, angenehm leicht. Derweil senke ich das Bier von foris nach intus und weiß wieder nicht, ob ich mir ein Weib auf Zeit und Ewigkeit oder nur auf Zeit ansiegeln lassen mag. Auch wenn Kierkegaard noch so erzverschlagen disputiert: Ich vermag es nicht, mit nur halber Überzeugung, aus dem windigen »Enten«-(Entweder)- in den angeratenen »Eller«-(Oder)-Zustand zu konvertieren und ein ethisch stabiler Christ zu werden. (Abgesehen davon, daß ich die Anerkennung der Entweder-Oder-Grenze immer schon ablehnte!) Die ästhetische Edeltrebe macht einen auf Dauer zwar auch nicht froh, aber kein anderes Glück war mir bisher zu schmecken vergönnt. Meine Gelöbnisse (Pia desideria oder herzliches Verlangen nach gottgefälliger Besserung? – Weiß Gott, ich weiß es nicht!)

waren, wie bei ihm, auch nur Dampf, aber ich brach sie aus fataleren Gründen als denen des Dänen, und ab fünfzig werde ich mich als Verlobungswitwer an seinem zweiten Bande laben, bereuen und ellern aber nichts mehr erzählen können.
Ein vitaler Weltschmerz ist der schmerzliche Gemütszustand, der aus der gefühlsweichen und willensschwachen Hingabe an das moralische oder physische Elend in der Welt sich ergibt und wohl auch auf die theoretische Überzeugung von dem tatsächlichen oder notwendigen Übergewicht des Elends in der Welt sich gründet. Ein dritter Halber schüttet ihn ein wenig mit Herbstlaub zu.
Drüben am Tisch sitzt für gewöhnlich eine uralte Dame vor kleinem Gedeck, die mit Interesse von anderen angesiechten Personen vor großem Gedeck betrachtet wird. So auch von mir, denn an ihrer klapperrüstigen Gestalt korrespondiert ein jeder hier ein wenig mit dem Traum seiner um ein weniges wenigstens prolongierten Unsterblichkeit. Meine Stärken nämlich sind Entscheidungsschwäche und eine, beruflich gesehen, auf ewig – wer weiß, wie lang es gutgeht? – verschleppte Jugend. Diese lebt sich in geplatzten Schwüren, Berufs-,

Kinder- und Verantwortungslosigkeit sowie Abwartehaltungen aus und harrt der Jahrtausendwende, als Haltbarkeitsdatum, damit man dann wird glauben können, daß es sowieso zu spät ist. Bei Leerlauf lasse ich mich vollaufen, und die Risikotaste drücke ich, als Mann aus gutem Hinterhause, der sein Abitur mit durchschnittlich 1,2 Promille bestand, immer nur angeheitert.

Man müßte einmal nur über seinen Schatten trinken können. Denn was nutzt es einem, schlau und unreif zu sein, wenn man überreif und doof ist? Als Auslaufmodell siecht man in Wahrheit dem Heimgang entgegen und läßt sich zur Vorsicht (aus Angst) vom Freunde Bernd Gärtner theologisch und von Freundin Ramona, in Hinblick auf Lebenstüchtigkeiten, angewandt katechetisch beistehen. Denn der ziemlich liebe Gott soll leider auch ziemlich gerecht sein, gemäß Psalm soundso, die Stelle, wo es steht.

Man nimmt also Lebe- und Sterbeunterricht und betrachtet mit Argwohn den Dietmar-Kamper-Doppelgänger im ›Blauen Affen‹. (Dieser hier heißt jedoch Dieter und berichtete neulich, daß er sich mit einem hereinverirrten Russen auf russisch unterhalten habe. »Russisch?« argwöhnte ich wieder. »Ja«, bezeugte Dieter, »der sprach sehr gut russisch!« Jener Dietmar aber hatte einstmals, um nichts weniger arg, sogar vor, zwecks »Schillerns der Revolte« mit Querdenken an Hochschulen den Igel zu Tode zu hetzen statt des Hasen! Das ist schriftlich, und man fragt sich: Mußte so was sein? – Damals ja!) Im Prinzenbad zu Kreuzberg wiederum sitzt im Kassenhäuschen ein hochgrädiger Karl-Lagerfeld-Doppelgänger, welcher, ebenso wie jener, zum Pferdeschwänzchen die seltsam zwielichtig verschattete Hochbedeutsamkeitsbrille trägt, aber Knut heißt und noch nie solches sagte außer »Dreifünfzig« und »Bitte sehr«. Darob wird er sich auch posthum nie grämen müssen.

Mal abgesehen davon, daß es mir nach einer Cioran-Lektüre

bessergeht, frage ich mich: Muß man sich denn zu Lebzeiten derart mit Tod und Sterben befassen? Man wird es doch sowieso noch gründlich und ewig müssen!

Außerdem besteht ›Murphys Gesetz‹ aus drei Teilen! 1) Nichts ist so einfach, wie es aussieht. 2) Alles braucht länger, als man denkt. 3) Was schiefgehen kann, geht schief. Alle drei Punkte beweisen sich am Gesetz selbst. Da man gemeinhin annimmt, ›Murphys Gesetz‹ bestehe nur aus 3), sind 1) und 2) bewiesen! Und schief ist auch was gegangen, da man, den Fehler 1) machend, glaubte, es ginge nur um 3)!

Für mein Leben spielt auch das ›Peter-Prinzip‹ eine gewichtige Rolle; es geht dabei um die vertikale soziale Mobilität. Das ›Peter-Prinzip‹ gilt für Normalbiographien wie folgt: Man steigt so lange sozial/beruflich auf, bis man auf eine Position gelangt, wo man überfordert ist. Daher sind alle Aufsteiger in ihrer Letztposition überfordert, was ringsum einiges erklärt! Aus Mangel an Aufstiegsmöglichkeiten wirkte das ›Peter-Prinzip‹ bei mir negativ: Man war abgestiegen bis auf einen Stehplatz, wo man notorisch unterfordert am liebsten nur noch lag. Und so auch überfordert war, denn es gehört schon ein wenig Format und Fortüne dazu, sein Leben gehörig zu verpfuschen. Im Grunde lebt man doch derzeit als Nequam wie ein Bundesunmittelbarer!

Abends bin ich etwas ratlos. Ich kann dann nicht schon wieder BZ und Bultmann lesen oder neue Fermatzahlen faktorieren. Und schreiben sowieso nicht mehr. Und raus will ich schon gar nicht, denn: »Lasset uns ehrbar wandeln am Tage!« (Römerbrief 13,13) Es gibt aber leider auch kein gutes Abendprogramm mehr im Fernsehn. Man sendet irgendeine Mache, dumpf konfektioniert und verschlagen. Macht nichts. Für etliche Stunden knipse ich trotzdem an, denn ich brauche ab und zu etwas Weltgeschehen, auf Distanz.

Neulich sah ich mit Interesse die Wiederholung der Ritterserie ›Ivanhoe‹. Au warte! Schwarzweißes Pappmaché und sehr idiotenhaft! Die Serie hatte ich als Kind gesehen und infolgedessen zwei Jahre meines Lebens mit einem Stock in der Hand im Galopp verbracht. Ein Kausalrätsel: Ich wußte noch den Vorspann auswendig! Er und die Anfangsmelodie sind nun wahrlich grandios! Wie alle »Ivanhoe!« in den Wald brüllen und von der Arbeit fortrennen und wie Roger Moore dann auf old Fury angeritten kommt! Man sage, was man will: Das mimt! Und grault! Denn all das, was man jemals fernsah, spukt folglich bis zum Ende (und weiter?) heimlich irgendwo im Hirn (und in der Seele?) umher und läßt sich wiedererwecken. Und ist womöglich unsterblich!

In den Siebzigern sah ich gut acht Jahre lang nicht einmal fern, weil man Besseres zu tun hatte. Man war vergnügungssüchtig und wollte nebenbei, mit links, die Menschheit beglücken, während diese lieber vor dem Fernsehapparat saß und so bereits, mit Recht, glücklich war. Dies führte zu Verständigungsschwierigkeiten. Die Mondlandung oder die Münchener Schießolympiade, davon wußte ich fast gar nichts! Als ich dann wieder anfing, die Televisionen zu nehmen, kannte ich die ganzen Deppen nicht mehr: Der ehemalige Fernsehkoch Clemens Wilmenrod hatte sich das Leben genommen; Lou van Bourg hatte man wegen Unzüchtigkeiten in die Wirklichkeit zurückgejagt; die Tanzkurse des Ehepaars Fern (sic!) waren auch entfernt worden. Alles war fremd und in Farbe. Eine gänzlich neue, synthetische Welt! Die nun auch mich glücklich machte: Das war meine Mondlandung! Aber nach einem Jahr kennt man die Arschgesichter wieder alle, und dann ist dieser schöne Effekt verbraucht. Ich habe gelitten, aber durchgehalten, bis mein Faustkeil, meine Fernbedienung, zu Bruch ging. Schluß nun! Eine neuerliche Phase der Abstinenz wurde vorgenommen.

Bis ich eilends wieder weich geworden ins Gartencenter eilte, eine Bambusstange zu erwerben. Mit dieser lag ich auf dem Sofa und piekte von ferne am Apparat herum, bis sie Fecht-

szenen sendeten. Es war beglückend, wenn nach Stunden einsamen Kamierens, Traversierens und Ligierens dann endlich ein Pulk Musketiere, ein Swordsman oder Römer in Eintracht mit mir im Programm herumstocherten. Auch hatte ich über die Bambus-Verbindung das sumpfige Fernsehschauen methodisch um etliches verfeinern können. Man muß Mist ästhetisieren! Und dieser Aufwand führte wiederum dazu, daß ich es sehr eingeschränkt habe.
Die Höhepunkte meiner Woche bilden zwei verschiedene gegenreformatorische Stammtische. Ansonsten langweile ich mich viel. Der Nihilismus nagt sehr an mir. Deshalb stelle ich mir Aufgaben. Bei Bedarf auch Kunst, sonst eher Staubwischen oder notwendige Ordnungen schaffen. Man macht einfach etwas. Man muß ja auch machen: Die Lebenslauferei muß erledigt, der Leib muß genährt, das Kabel bezahlt und der Wetterbericht muß kontrolliert werden.
So ergab es sich aber auch, daß einen die Künste umfingen: Vor Jahrzehnten mußte eine Großausstellung im Berliner ›Künstlerhaus Potemkin‹ bestückt werden, und die Umstände bedingten einen Mangel an Künstlern. Disparate Zirkel hatten

sich gegenseitig so weit ausgeschlossen, daß man auf Außenseiter zurückgreifen mußte, um das plurale Konzept zu wahren. Da dachte man, um Himmels willen, nehmen wir noch den Kapielski hinzu, es wird schon nicht allzu schlimm werden. Zumal es die Zeit war, als das Nichtmalenkönnen als vorzüglichste Könnerschaft galt. Man bat um ein Werk, das sich hängen und umstandslos anliefern ließ.

Gut. Ich hatte bis dahin ein wenig häusliche Musik gemacht, geknipst, getuscht. Tuschkasten, das war bis dahin angemessen. Jetzt dachte ich: nee, immer diese privat verlaufenen Rudolf Steiners und dieses brackige Tuschwasser! Jetzt ist die Herausforderung da, die Chance, die dicke Kairos-Stelle, jetzt gehst du auf Ölheizung!

Ich lief ›Schmincke‹ für meinen ersten Schinken kaufen und habe die Gunst der Stunde mit Öl geschmückt. Das war noch in den euphorischen Zeiten, als man mit gepfuschter Ölkunst und Faust-Schlag 1985 über Nacht berühmt und reich werden konnte. Das ist mir zwar nicht passiert, aber das war der Anfang einer mittleren, teilweise bahnbrechenden Laufbahn. Mehr mußte nicht sein! Was mir dabei persönlich geholfen hat, war, daß ich nicht viel davon verstanden habe, was in der Branche vor sich geht.

Ich wollte, um die Ergebnisse zu sichern, mir dann von Konrad Kujau noch ein HdK-Diplom anfertigen lassen, aber der sagte, das brauchst du gar nicht, du kannst das auch so. Laß dir lieber ein Großes Latinum machen. Denn: Artifex nascitur, poeta fit. – Zum Künstler wird man geboren, aber der Dichter muß erst mal die Grundschule schaffen!

Unleugbar: Die musikalische Begabung war die mir am knappesten beigemessene musische. Meine Darbietungen fußten auf Kammerton ä. Dennoch: Musik betrieb man aus Gründen einer störrischen Jugend. Stockhäusliche Tonbandfummeleien am ›TK 25‹ von ›Grundig‹ und ›Silverapple‹-artige Kellerquartette waren unsere Schreie in die Aussegnungshallen des

Kapitalismus und sollten die Autoritäten mürbe machen. Die Autoritäten entschlossen sich dann, selber Krach zu machen, die Lautstärken der Jugend in eigene zu verwandeln und den dazu benötigten Haartrachten mehr Spielraum zu gewähren. Und so gewann man Amerika und die Popmoderne lieb, da man die Schlachten gewonnen glaubte. Bis man dahinterkam und nur noch Ruhe wollte.

Ohne Zufall hörte ich um 1980 einen mir genehmen Bruitismus Frieder Butzmanns und besuchte ihn in der legendären Berliner Musikalienhandlung ›Zensor‹. Butzmann saß hinten in einem Kabuff vor mächtigen Stempeln zwischen zwei Meter unerledigten und zwei Zentimeter erledigten Rechnungen, während Burkhardt Seiler vorne krude Neuheiten vorführte. Wir kamen sofort gut miteinander aus, als begeisterte Jugoslawische-Räuberplatten-Fresser. So machten wir dann eine Strecke lang im Duo Musik, erlangten auch eine gewisse Berühmtheit, und man holte uns bis nach Amerika! Nur die angenehme Begleiterscheinung eines, wenn auch bescheidenen, Reichtums mit kleinen Groupiegeschichten fiel wieder aus. Und irgendwann konnte keiner mehr diesen speziellen Krach ertragen, weil ein neuer ertragen werden wollte. (»Welche Gattung?« – »Begattungsmusik.«) Wenn wir nicht solche Zweifel am Rhythmus gehabt hätten, wären wir allerdings auch bei der Techno-Marschmusik noch ganz brauchbar gewesen. So nun wird man heute ab und an als historische Attraktion an die Tempelstätten der Neuen und Elektronischen Musik geholt. Und auch altersgemäß quartiert! Ich war ganz gut untergebracht in dieser Krach-Ära, weil mir auf der Strecke von der Note zur Klaviertaste schnell die Puste ausgeht. Und deshalb spiele ich auch lieber mit zwei Händen: da geht's schneller!

Auch das fachgemäße Malen und Zeichnen tut sich mir schwer, aber ich versuche mein Bestes und habe Glück, daß sich die abstrakte Kunst so lange hält. Dabei mißfällt mir diese seit Jahren von Monat zu Monat mehr. Ab Manet (nicht Seerosen: Seerasen!) ist für mich Feierabend. Allein, es wird mit einer Penetranz weiterproduziert, es ist kein Ende abzusehen. Es hagelt Zumutungen und Dauerdesign. Schade für die gegenständliche Kunst ist, daß Hitler und Stalin sie schätzten, sonst hätte das alles auch anders kommen können, und ich hätte was Ordentliches werden müssen. So muß ich mich, mit Hilfe Platons und aus Mangel an naturalistischer Abbildungstüchtigkeit, mehr an die optische Darstellung der ›Idee‹ halten und als Ideenkünstler bei den Halbstarken mitschwimmen.

Andererseits ist es weder meine Pflicht, grundsätzliche Fragen zu verstehen, noch mein Problem, alles einzuordnen. Ein angestammter Müßiggang sowie eine immer etwas zerzauste Vielseitigkeit zwangen mich automatisch zur Gemütsgröße einfacher Handhabung: Ich knipse gern, weil eine idiotensichere Kleinkamera meine Mängel an Darstellungskraft kompensiert und selbst dann nichts schiefgehen kann, wenn was schiefsteht.

Auf Nachfrage antworte ich mit Kunst, sofern mir etwas Einfaches und Verantwortbares einfällt. Musikausscheidungen erfolgen freigebig, wenn ein gutes Hotel gebucht wird und Frieder Butzmann neben mir auf der Bühne steht, damit ich weiß, welche Knöpfe zu drücken sind. Meine beständigsten Jammertalsperren aber bestehen aus freimütig begeistertem Umgang mit theoretischem Material aller Art. Theorie ist behaglicher als Praxis. Die Theorie allerdings, Theorie sei, was man nicht sehen könne, kann ich nicht einsehen.

Am liebsten schreibe ich jetzt dieses hier. Es ist die beste Arbeit gegen Langeweile, Frevel und Not. Vollends erfüllte Leere! Von Land aus betrachtet man die Segelflotte der Gedanken! Man vergißt für Stunden seinen Leib und seinen Geist, weil der Geist gerade mit Schöpfung und der Körper mit Dasitzen und Hinterhertippen beschäftigt ist. Und der

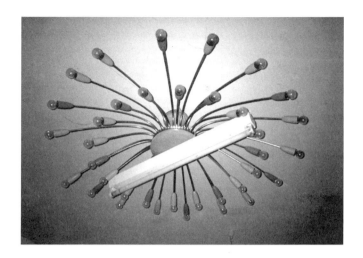

ganze Schwachsinn draußen gilt beinahe nichts mehr. Nur noch das, was man hinter sich gebracht hat, um es erzählen zu können.

Und im Affen danach findet man zu Gott. Und zwar problemlos: O! Wie ist mir da alles so schön versöhnend, vermittelnd, wie herrlich!

III.
Die Hannoverschen

So kommt es denn zuletzt heraus,
Daß ich ein ganz famoses Haus.
Wilh. Busch, Kritik des Herzens

Tröste mich des, daß mit der Zeit
doch meine Bücher werden bleiben
im Staube vergessen, sonderlich wo ich
was Guts geschrieben habe.
Luther, WA 50; 658

Was die Schickung schickt, ertrage!
Joh. Gottf. von Herder, Gedichte

Got hilfft dem sterckisten.
Joh. Agricola, Drey hundert Gemeyner Sprichwörtter

Ich hatte bis 1994 dann immerhin schon sieben Broschüren und vier Bücher geschrieben, letztere auch mit Hilfe einiger Abbildungen immer auf knapp jeweils zweihundert Seiten gebracht, und wartete nun in Berlin auf Einladungen zu Lesungen gegen Honorar im deutschen Sprachraum. Die Erwartung zu steigern und auch weil man als Dichter nach Fertigstellung von Büchern regelmäßig in ein Loch zu fallen habe, tat ich es meist außer Haus, gewöhnlich bei ›Ambrosius‹ oder auch schon im ›Blauen Affen‹. Von dort kehrte ich abends angebraten heim und inspizierte wählerisch die kleinen Zettel mit den Angeboten am Telefon: »Bitte Harry Hass anrufen! Er will sein Pfund wiederhaben!« So ging es Jahr um Jahr.
Eines Tages ein ganz aufgeregter Zettel mit rotem Filzer: Es sei ein »Knusti« am Telefon gewesen und habe unten von

Hannover aus angerufen und auch eine »Silke Arm-Bricht« oder so ähnlich habe recht herzliche Grüße ausrichten lassen und wissen wollen, nämlich, ob ich etwas machen wolle, im Keller unten, ich wüßte schon Bescheid. (Ich wußte überhaupt nicht Bescheid!) Es sei mal wieder ein Bunter Abend fällig, es käme höchstwahrscheinlich auch ein gewisser »Harald ›Sack‹ Ziegler«, und man freue sich schon maßlos auf alles, da würde nämlich mal wieder »tüchtig was wackeln und erdbeben« müssen (?), da stünden schon wieder jede Menge Gottesbeweise an (?), man sei sich da ziemlich sicher, und überhaupt, ich solle mal den »Feinen Menschen« in jedem Fall mitbringen (?), man lege auf jeden Fall Wert darauf, daß ich den »Feinen Menschen« vortrage.

Ach so! – ›Der feine Mensch‹! Das ist meine Nummer mit dem Titel ›Wer ist Kapielski?‹ Und das geht so: Ich stelle mich vorne hin, auf die Bühne oder einen Stuhl, verdrehe mich fürchterlich und behaupte wiederholt und mit stärkster Überzeugungskraft: »Der Kapielski ist so ein feiner Mensch! Das gibt's überhaupt gar nicht!« Da gibt es Beifall für, und sie wollen Zugabe! (Und das gibt es sogar auf Platte! Und als Endlos-Kassette!) Dann laß ich sie ein wenig betteln und behaupte dann während der Zugabe minutenlang das Gegenteil: »Der Kapielski ist so ein Arschloch! Das gibt's überhaupt gar nicht!« Woraufhin sie wieder Zugabe wollen und so fort.

Ich solle, so wurde weiter mitgeteilt, mir sonst weiter keine Sorgen machen, man würde schon zu feiern wissen und ordentlich saufen, bis die Schwarte krache, und es stünde sogar (Holla!) ein, wenn auch klägliches Sümmchen an Vergütung bereit! »So long, Kapielski! Raff dich auf, alter Korbstuhl!« So stand es da! Frohe Botschaft eines jungen Menschen an einen feinen, etwas älteren. Also sprach ich ein leises »Mature fias senex, Arschloch, si diu velis esse senex« in Richtung Hannover und hätte es auch laut tun können; denn das ver-

stehen sie nicht, die heurigen halbstarken Laffen! Und daß man besser früh alt werde, wenn man lange alt sein will! Allerdings gilt auch: »Profecto deliramus interdum senes.« Denn in der Tat spinnen wir Alten bisweilen gewaltig.
Also gut, ich komme!
Tag der Hinreise. Juni. Eine unfaßbare Hitze. Ich schwitzte schon Bahnhof Zoo wie ein Pferd. Dreißig Grad, canaillenhaft überfüllte IC-Strapaze, Sitzplatz zunächst nur im Speisewagen. Ich dehnte die Steaks wie schlafkrank und maß mit Fingerspitze und Armbanduhr nach, daß ein heißer, nein, eher warmer Speisewagenkaffee auf etwa 95 Kilometern (bei allerdings nur geschätzten durchschnittlichen 90 Stundenkilometern) auf die an jenem Tag ungewöhnlich hohe Großraumwageninnentemperatur ›herunterkühlte‹. Also etwas mehr als eine Stunde brauchte er schon, und die Halbwertzeit ließ sich anhand einer Kurve mit variierter Zweierpotenz streng nach Weierstraßscher Funktionenlehre auch errechnen. Sie lag bei aufgerundeten 14 Minuten und 36 Sekunden, während derer sich zwei andere Herrschaften am Tisch erschreckend unbekümmert um einen Kartoffelsalat mit Käse- und Schinkenstreifen kümmerten.
Der bis dahin einzig erwähnenswerte Vorfall bestand darin, daß mir eine gleichfalls ziemlich mattgeschwitzte, ältere Dame ein mit 4711 numeriertes Erfrischungstüchlein anbot, was ich höflich ablehnte, und welche dann wenig später einem ebenso desolat transpirierenden Herren am Nebentisch die Frage: »Hätten Sie wohl die Güte des Zuckers?« stellte. Woraufhin dieser »Ja« sagte, ansonsten aber überhaupt nicht reagierte! Ob Veteran oder Backfisch, Wrack oder Halbwüchsiger, ein jeder saß welk und dienstunfähig im eigenleiblichen Schlamassel, und wer's konnte, zog, den Jammer zu dämpfen, Zeitschriften, argloses Druckwerk oder, wer's schaffte, sogar richtige Bücher hervor.
Ich natürlich Bücher. Man hatte ja Abitur und Hochschulexa-

mina und mußte nun den Pegel dauernd oben halten. »Nichts ist ohne Grund, warum es sey.« Gegen die Behauptung balancierte meine eher metaphysische Reiselektüre allzu große deterministische Gewißheiten aus und wirkte (dennoch!) auf ihre Weise sogar kühlend. Es waren Hans Jonas' ›Gedanken über Gott‹. Der Theologe und Philosoph Jonas ist schon einer: Da seit Kant (be-kant-lich!) Gottesbeweise unmöglich seien, aber auch Gotteswiderlegungen, mache, so Jonas, das nunmehr ganz freimütige Gottesbeweisen erst so richtig Spaß. Und wie! Vor allem ihm: »Im Anfang, aus unerkennbarer Wahl, entschied der göttliche Grund des Seins, sich dem Zufall, dem Wagnis und der endlosen Mannigfaltigkeit des Werdens anheimzugeben.« Eine welsche Hymne folgt dem anderen deleuzianischen Panegyrikos. Es ist ein Vergnügen. Auch wie ihm eine Kuppelei zwischen Gnosis und – ohne Quatsch! – Nihilismus glückt: in einer Zeitschrift namens ›Kerygma und Dogma‹! Das muß man sich mal vorstellen.
Und ich saß neben den Affen, die in Magdeburg einsteigen.
Die Zugfahrt war ja zumindest bis Magdeburg noch einigermaßen angenehm gewesen. Die marod vor sich hin schwitzenden Damen und Herren Passagiere hatten sich nämlich bis dahin einem allseitig respektierten Zustand des sich gegenseitig Schonens »anheimgegeben« und tropften metabolisch, dumpfen Blickes und duldend vor sich hin. Somit hatte, gottlob!, kein Anlaß zu irgendwie geartetem sozialen Expressionismus vorgelegen, und eine taktvolle Erschöpftheit sorgte, wie um Plessner zu bestärken, für die unter dicht gestapelten Menschen notwendige Gemütshygiene – bis Magdeburg. In Magdeburg nämlich stiegen gegen vier Uhr nachmittags lauter kurzärmelige Beamte mit Schlips zu, und es wurde komisch und enger, was alles noch komischer machte. Sie hatten alle kantige Aktenkoffer mit 007-Zahlenkombinationsschlössern dabei und schielten verstohlen auf meine treue, alte, solide Aktentasche aus Rindsleder in Braun, ob sie wohl etwa der

neue Taschentrend sein könnte, den sie immer Angst haben zu verpassen oder gar zu früh aufzugreifen, und dann klappten sie alle auf einmal ihre Schlepptops auf, an denen sie Verfolgungsjagd spielten oder ›Bilanz‹ und wurden laut! Außerdem telefonierten viele mit hochwichtigen Händis, die sie wichtig »Handys« nennen, banalsten Quatsch durch den Großraumwaggon, so daß man's gezwungen war mitanzuhören, diese autistische Nummer, dieses geisteskranke Mit-sich-selbst-Reden. Was mir persönlich so was von peinlich wäre! Und alles auch noch Menschen in meinem Alter. Was kann man sich seine Biographie verhunzen!
Der Waggon verwandelte sich in eine Zillestube für Besserverdienende, und man hörte solches sagen: Von Kostenstellen, in denen Datensätze sich darstellen; von Kostendarstellungen, die wir nicht akzeptieren wollen würden; von Schnittstellen in Buchungskreisen, die so nicht durchgingen und einem gewissen Händlingsbedarf nicht entsprächen; von Leistungsträgern, die sogar schon im Doppel gemischt gespielt hatten! Von: »Das ist der Knackpunkt!« und sogar von: »Wie sieht Ihre Umschlagshäufigkeit aus?« – No? Wir Lauscher waren alle sehr gespannt! Sie läge im »Äveridschbereich«. – Aha! Man staunte! (An Sätzen wie: »Willste dies Jahr noch was mit deinen Beinen unternehmen?« oder »Meine Staude geht ein!« erkannte man, daß noch normale Menschen unter die Deppen gemischt waren.)
Es schien sich bei den Anormalen um Angestellte zu handeln, die der Ostzone beruflich aufhelfen möchten, also ihr unser Schweinesystem applizieren – aber um jeden Preis in Braunschweig wohnen bleiben wollen! – Was ja nun alles sagt! Die steigen dann allesamt in Braunschweig oder Hannover aus, rennen wie die Bekloppten runter in die ›Ride-and-buy-Boutique‹, um dort, als erste angekommen, der Mutti eine Häßlichkeit, ein Mitbringsel als Drachenfutter einzukaufen. Manche von denen dürfen erster Klasse reisen. Dann stehen

sie lieber im Gang erster Klasse, als sich zweiter zu setzen, wo es jetzt doch noch paar freie Stühle gegeben hätte, auf meiner speziellen Hinfahrt.
Kurz: Ab Magdeburg herrschte umfassende Idiotenhaftigkeit. Die Männer alle parfümiert. Die Weiber auch. Nun stimmt, was Plautus sagt, keineswegs. (»Mulier recte olet, ubi nihil olet.«) Denn das Damenparfüm duftet doch bisweilen recht lüstern, während die maskulinen Toilettengewässer ausschließlich und gotterbarmdich stinken! So schwitzten denn die Völker von vor Magdeburg gegen die von dort frisch eingetroffenen »cool water boys« aus Magdeburg an und hatten im Gegensatz zu Tillys seinerzeitigem Erfolg bei der Einnahme Magdeburgs 1626, von der sich diese Stadt übrigens bis heute nicht erholt hat, dieses Mal das Nachsehen, weil man gegen die nicht anstinken konnte! Da saß ich nun dazwischen und hatte es zu ertragen, während draußen das ehemals weltläufige ›Helmstedt‹ grämlich vorüberstarb, anstatt sich zu freuen.
Früher war schöner. Heute ist besser. Früher ging's uns gut, heute geht's uns besser. Besser wäre, es würde uns heute wieder gutgehen!
Seit dem Anschluß der Ostzone haben wir eine grundsätzliche Verspätung aller Züge zu verbuchen. Egal, welche Richtung. Lieber noch mal grundlos eine viertel Stunde auf gerader Strecke stehenbleiben als pünktlich in Hannover ankommen, sagt sich so ein ›Intercityteam‹ händereibend.
Ankunft Hannover. Winke-winke. Wie ein doof geratener Primat schleppte ich meine Projektionsoptik und meine braune, treue Arbeiterklassenaktentasche geradeaus weg vom Bahnhof durch eine Einkaufszeile auf die vermeintliche Mitte der Ortschaft hin. Warum, wußte ich auch nicht.
Du lieber Gott! Dieses deutsche Städtetreiben! Mit der Theodizee geht es in Hannover ganz schlecht. So ein unzumutbarer, neuerlicher Brutaleffekt, so was von realster Anknallerei! Es stinkt allerorten nach Bratwurst, es plärrt und bettelt

und kauft und klampft à la manière de Cat Stevens von oder über einen gewissen »Fortschn Gämbler« erpresserisch um Almosen.

»Gibst du mir deine Uhr?« fragt das dem Schlachter Haarmann verwandte Volk und gibt dir als Gegenleistung dafür »die genaue Zeit!« Fluchtartig schwenkte ich rechts herum: Ein Straßenbahnhof sah aus wie ein jugendmöblierter Raketenstartplatz! Es drehten sich Dönersäulen drum herum um eigene Achsen. Allerorten alles arg verschwittert. An einem Imbiß stand: »Falaffel – das Kichererbsending!« Irgendwie zündete dieser kecke Blödsinn aber meinen Hungerreflex. Restaurants, egal welcher Art, hätte ich jetzt schadlos nicht überstanden. Ich kenne das doch, wie mir dann der Schweiß auf die ›Räuberplatte‹ tröpfelt und der Fluchtreflex vor Hochwasser sich über den Hungerreflex schiebt. Von meinem Scheckkartenbevollmächtigten Frieder Butzmann hatte ich ja die Technik übernommen, die Stirn ab und an mit der Scheckkarte trockenzuspachteln. Das beeindruckt, man schiebt sich den Scheckkartenwischer über die Stirn und schlägt lässig das Schweißwasser von der Karte. Das hat eine ziemliche Grandseigneursgestik und mimt so, wie früher mit dem Stofftaschentuch nach Gutsherrenart den Nacken auswischen.

Ein Fleischer kam in Sicht. Das ist gut! Die kühlen ihre Verkaufsräume, und ein Paar kalte Wiener würden reichen. Ich stellte mich falsch an. Eine hübsche Hausfrau verlangte dafür eine Letztbegründung: »Wer gibt Ihnen das Recht, sich hier vorzudrängeln?« – »Carl Schmitt«, behauptete ich, »Leiter der Wurstabteilung.« – Den kannte sie nicht. Ich entschuldigte mich deswegen. Man mußte sich von links anstellen, was ungewöhnlich und auch wohl ein Ausnahmezustand ist. Und war.

Au weia! Dies also die Stadt von Klages und Theodor Lessing; es wundert nicht, denn beide sind, auf ihre Weise, im Grunde verwunschene Ahnen sentimental ökologischer Weltsicht und wie zwei neblig neuplatonische Argumente dritten Ranges sogar im selben Jahre hier geboren (1872! – Ein Jahr nach Paris!). Wobei der Ratio-Zermürber Lessing doch auch ein feiner Kerl war, und ich ihn auch gerne las. (Und Klages eigentlich auch.) Also: Gott schütze ihrer beider Seelen, von denen sie so oft sinnig und geistreich abhandelten! Amen!

Hohe Not! Ein letztes dringliches Begehren durchströmte mein Psychosoma: Ich möchte bitte sofort ein großes, kühles Bier! Ick hatte Durscht wie ne ›Welwitschia mirabilis‹! Und ich hatte was von einem ›Brauhaus Ernst August‹ »im Centrum« gehört! Ich schleppte meinen Leib mit letzter Nervenkraft in eine »Schmiedestraße« heißende Altstadtverheißung und geriet in eine rustikal touristisch, grob gezimmerte Erlebnisbrauerei nach dumpfester Neubauart mit Brauhausmöblierung und stürzte ein mäßiges Hausbräu zu fünf Mark das 0,3-Liter-Gläschen. Schuld an allem hatten hier letztlich wieder General Harris und Ludwig Mies van der Rohe.

Ums Eck ein bei ihnen ebenfalls in Patenschaft befindliches Postgebäude in Legobauweise. Es schien etwas kühler darinnen. Ich lief rein und beantragte an einem ›Telekom-InfoPoint‹

mit fester Stimme »einen Kabelanschluß für mein Funktelefon!« Die Dame wunderte sich. Ich erläuterte blöd begeistert nickend: »Weil, Kabeltelefon! Und Funkfernsehn! Haben wir schon!!« – Sie zögerte. – Dann fand sie es: »Super! Echt!« Und füllte mit mir ein Antragsformular aus, was ich bewußt in die Länge zog, da ich zufällig unter einem Deckenventilator plaziert worden war und auch sonst alles recht nett und klimatisiert und blödsinnig war: Als schlüge man, wie weiland Schopenhauer beim Lesen der ›Phänomenologie des Geistes‹, die Fenster zu einem Irrenhause auf! (»Dies Perhorreszieren stammt aber in der Tat aus der Unbekanntschaft mit der Natur der Vermittlung und des absoluten Erkennens selbst.« Vorrede.) Genauso war es in Hannover!
Was nun? Du mußt nach Silken und Knusti hin! Halte durch! Eine Taxe, mit deren Erlaubnis ich während der Fahrt meinen dampfenden Schädel aus dem Fenster stecken durfte, trug mich verzweifelt Wege suchend nach Knusti und Silke hin, denn irgendwelche notleidenden Arbeiter demonstrierten in Gestalt eines Autokorsos gegen die Abschaffung irgendeines »vierzehnten Monatsgehaltes« (sic!) und unterstrichen die Dringlichkeit ihres Begehrens durch Hupen. Eine Nebenforderung, unter anderen kuriosen, war: »Stopp dem Stau!«
›Silke‹, stellte sich heraus, war ein Veranstaltungsort und keine Silke, eine Kellerlokalität, und Knusti war ein Hans-Joachim Knust mit Programmvollmachten. Ich stieg hinab und dachte: »Kapielski, alter Mann, mußt du dich denn auf alles einlassen, mußt dich unter der Jugend in Partykellern tummeln, anstatt deinem Alter angemessen an honorigen Stammtischen konservativen Blödsinn von dir zu geben?«
Doch es passierte etwas Wunderbares: Die Kühle des Kellers senkte meinen Blutdruck, ein junger Mensch stellte ohne Umstand ›Herrenhäuser‹ in Flaschen vor mir auf, ich labte mich, und es wurde mir kommod und wohltemperiert ums Herz, und mein Gemüt sprach freundlich an auf die lustige

Gruft und ihre jugendlichen Bewohner, und alles wendete sich zum Guten. Derweil oben, im überirdischen Hannover, die Angestellten und sonstigen Arschgesichter durch die Affenhitze und ihre satanischen Einkaufszeilen latschten, um das darzustellen, was man gemeinhin ›Wirklichkeit‹ nennt. Hier unten aber saßen icke und olle Knusti und der ganze verfluchte sonstige, höchst integere Underground schön gemütlich auf bierfleckigen Polstermöbeln herum, prosteten einander tapfer zu und ließen die Arschgesichter oben Arschgesichter sein.
Bloß wo waren mal wieder die Weiber? Die eben ja doch noch massenweise und halbnackt durch die Einkaufszeilen gewackelt waren? Ich weiß es nicht. Wo wahrhaft gute Männer gute Sachen machen, fehlen gute Weiber! Das war die leidvolle Erfahrung einer viel herumgekommenen virilen Ruine. Vielleicht hätte man früher mal eine Jazztanzgruppe belegen sollen. Dort sollen sie sich tummeln. Oder Joga. Dabei haben sie alle die Augen geschlossen, und man kann in aller Ruhe seine Kerze betrachten. Haha!
Aber es ist so! Vor Jahren mal hatte mich nämlich ein ziemlicher Schurke überredet, aus Daffke an der ›Dynamischen Meditation‹ des Halunken Bagwahn teilzunehmen. Ein unvergessenes Erlebnis! Denn hier auf einmal gab es zu meiner größten Verblüffung den allerhöchsten mir je untergekommenen Frauenanteil innerhalb einer gemischten Gruppe, und mein mich begleitender Schurke und Anstandswauwau erläuterte, daß es die Frauen nämlich sowohl gesund als auch je nach Gusto immer etwas spirituell mögen, weswegen sie hier auch so zahlreich vertreten seien.
Ich staunte! Weil es hier im ›Sanyassin-Meditations-Center‹, Mehringdamm 55, auch tatsächlich seltsam gesund als auch ganz schön heftig und sogar ziemlich numinos zugehen sollte, wie sich gleich herausstellte! Es war nämlich folgendes zu tun: Als erstes mußten sich die Teilnehmer, es waren an die siebzig, nackt ausziehen, durften aber, im Sinne einer rever-

sierten Bekleidung, Augenklappen benutzen, wie es sie auch im Flugzeug zum Verdunkeln des Einschlafens gibt und die einen hier nun blind für all die Nacktheit machten. Wovon mir aber, just als ich dies, von milder Scham befallen, tun wollte, mein mich betreuender Oberspanner heftig fuchtelnd abriet!

Dann begaben wir uns, teils mit, teils ohne Augenklappen, aus der heillos verlumpten Umkleide hinüber in eine zur Turnhalle umfunktionierte Fabriketage, wo man mit möglichst viel Platz um sich herum Aufstellung nehmen mußte und nichts weiter zu tun hatte, als die, von einem Vorturner erklärten, fünf Abschnitte à zehn Minuten heftig brüllend nachzutoben.

Auf sein Kommando taten wir dies. Ich, als Neuling und sich blöd vorkommender Alltagsmensch, ging die Sache zögerlich an, sah mich etwas um. Und erstarrte erst mal vor Entsetzen! Auf einen Schlag nämlich war der ganze Saal in ein von Tollwut durchseuchtes Inferno verwandelt, wirkte wie ein unter Mutterkorndrogen gesetzter, wackelnder Schulhof für Taubstumme. Wobei jeder für sich und geradezu autistisch sein ganz persönliches Jammertal mit voller Wucht hochgehen ließ, und somit jeder einzeln irre Gewordene so etwas wie Charakter oder persönliche Note aufführte. Nur ums überhaupt fassen zu können, nicht aus der Reihe zu tanzen und weniger aufzufallen, hopste ich vorerst allegretto-moderato mit und sah mich nach meinem Bekannten um. Er sprang grinsend und presto als Spanner im hinteren Teil der Halle auf und ab und fiel, im Gegensatz zu mir, nicht weiter auf. Also gab ich auch etwas piu mosso in die Agogik und beschleunigte bis kurz vor die Seitenstiche.

Man war nun im Tempo, hatte die hiesigen Sitten und Gebräuche recht rasch internalisiert und sah sich, heiter galoppierend, etwas sicherer um. Alsdann nahm ich ein derartiges nie für möglich gehaltenes Tittenspringen (Mamma pendulans) wahr und möchte beschwören, daß ich solches mein

Lebtag, vorher nicht und hinterher erst recht nicht, werde erlebt haben dürfen. Wie auch? Beziehungsweise wo?
Das Mannsgebärden war, abgesehen vom eher lächerlichen, aber doch auch beachtlichen Schwanzwedeln, noch kurioser, insgesamt sogar hysterischer, verzweifelter, ja tragisch! Man hörte hier und dort sogar im Zorne flehentlich nach »Mama!« oder »Mutti!« brüllen, und einige Schmächtige, bei denen man es nie und nimmer für möglich gehalten hätte, tobten derart, daß es Auswirkungen auf die Richterskalen der Forscher am entgegengesetzten Ende der Erdkugel gehabt haben mußte!
Annähernd gleiches trug sich nun bald auch in Hannover bei Silke und Knusti zu. Denn es folgte gegen Abend eine längere Phase köstlichster, turbulentester Nebelhaftigkeiten. Die Hannoveraner Kellerjugend entfaltete so etwas wie destoheftigste Kellerlochseligkeiten; es gelang mir Zusammenhängendes und auch den ›Feinen Menschen‹ vorzutragen; ein gewisser »Harald ›Sack‹ Ziegler« war tatsächlich erschienen, musizierte auch betont infantil, aber gut. Man wurde einander noch und noch vorgestellt, man wurde auch gegen Ende zunehmend mit Pfefferminzlikör (›Pfeffis‹) traktiert, man mußte verschlagenste Treppen wieder und wieder hoch und runter zwecks Abschlagen des immer heftiger anfallenden Urins (oder auch nur eines imperativen Scheinharndrangs wegen), und zum guten Schluß wurde ich von drei netten, zuvorkommenden jungen Herren mit dem Wagen zum Hauptbahnhof hinchauffiert, den ich selbst nie und nimmer gefunden hätte. Obwohl er ja groß genug ist. Danke!
Heimfahrt nach Berlin. Hannover Hauptbahnhof. Tausende am betreffenden Bahnsteig. 2 Uhr 56, alles springt auf, ein vergammelter Zug rumpelt in den Bahnhof, kommt von Holland, will nach Moskau, wird gestürmt. Darin bereits befindlich zuhauf: Arme, Besoffne aller Länder, alle Sorten Ostvölker mit zahlreichen Waschmaschinenkartons, Knoblauch-

zöpfen und Großmüttern. Sie alle fahren also nachts in diesen Geisterzügen hin und her durch Europa, während tagsüber die Bahncard-›first‹-Fittis sich im Eilverkehr befördern lassen. Das war mir auch neu.
In mein Abteil schwankten zum allgemeinen Entsetzen nun noch drei junge, reichlich angesoffne Männer (aus Magdeburg!) mit jeweils einer Dreiviertelliterflasche ›Mariacron‹ in der Flosse und berichteten aufgeregt vom abendlichen Freizeiterleben beim Konzert der Gruppierung ›Die Toten Hosen‹ in Hannover. Es mußte also neben Silke auch anderes stattgehabt haben. Da freuten sich alle! Daß ich nun aber den Sänger und Herrn Campino bei Filmarbeiten, an denen mein Freund und Kollege Frieder Butzmann beteiligt gewesen war und welcher es also bezeugen kann, flüchtig kennengelernt hatte, wollten mir die drei verwegenen Magdeburger Burschen nie und nimmer glauben. Sie wurden sogar zunehmend stänkerich darüber! Dabei hatte ich sie ja über einen sozusagen gemeinsamen dritten Bekannten nur prophylaktisch beschwichtigen und heiter stimmen wollen, nun aber das Gegenteil erreicht. Und nun wurden die neuen Bundesbürger überhaupt auch sonst noch sehr böse gegen die polnischen Großmütter und kaschubischen Knoblauchzöpfe! So sehnten wir anderen Magdeburg herbei. Nach und nach verdrückten sich alle dezent. Auch ich dachte, besser, du gehst mal für zwanzig Minuten pullern, bis sich die Herren aus dem Jubelblock der ›Toten Hosen‹ – man glaubt's ja nicht! – so weit beruhigt hätten und ihrer eigentlichen Bestimmung, der soliden Ausländerjagd an den ihnen zugeteilten Wohnorten, wieder »anheimgeben« (Jonas) mochten.
Endlich Magdeburg. Ich komme vom gedehnten Austreten ins Abteil zurück. Die drei Dumpfmänner, gottlob, fort! Nur ein zertrümmertes ›Mariacron‹-Fläschlein zeugte stumm von gehabtem Kulturtourismus.
Fort war aber auch meine Aktentasche!

Die Kameraden hatten meine Aktentasche geklaut! Meine Zettel, Dias, Platten, Kulturbeutel, alles. Ich dachte, ich kriege einen Pickel! Soll das die Einheit sein? Hat das Begrüßungsgeld nicht gereicht? Mußte es auch noch meine Aktentasche sein? Verflucht und zugelötet!
Und nun kommt, warum Hannover meine Glücksstadt ist und bleibt und wohl eingerichtet die Welt. Grämlich, triefend, verkatert, hinfällig und abgelebt; müde, matt, marode und morgens kam ich zu Hause an und greinte die Liebste voll: »Die Ostgoten! Sie haben mich ausgeraubt! Wegelagerer! Meine treue alte Arbeiterklassenaktentasche. Ach und O!« Da sagte die Liebste beherzt: »Schnauze jetze! Schluß mit Rumgejammer! Don't cry – work!« (Sie liest den Goetz.) »Ich ruf da mal an: in Magdeburg.« Und es ging sogar einer ran! »Ja! Hier Magdeburg, Hauptbahnhof. Es stand über Nacht eine herrenlose Aktentasche nach Verlassen des D-Zugs 1945 in der Bahnhofshalle. Sie kann abgeholt werden. Jederzeit.« Ein Wunder! Gelobt sei Jesus Schmitz!
Erneute Reise von Berlin nach Magdeburg. Ankunft. Umarmen der Aktentasche. Alles noch drin. Neckisch! Die Toten-Hosen-Fans hatten mir wohl lediglich einen Streich spielen wollen. Da darf man sich nicht so haben. Höhö. Oder sie waren einfach so doof, daß sie den unschätzbaren Wert des Tascheninhalts nicht erkannten.
Wir traten erneute Rückreise an und packten noch mal die Tasche aus, weil man es nicht fassen wollte. Die ›Silke Arp-Brichter‹ hatten mir bei dramatischen Verabschiedungsszenen neben vielerlei Schallplattengaben auch eine Zeitung zugesteckt, die sie dort herausgeben. Sie war kopiert, A 4 und hieß ›Karriere-Kurrier‹: »Illustrat – ehrlich – modern« zu 1,50 + 0,50 Pfand. Themen: Trinken in der Hauptstadt, Flaschenmode 94, Rezepte.
(Wurstwasserbowle: 1 großes Glas Bockwurst, 1 kleines Glas Gürkchen, 1 Glas Cocktailkirschen, 1 Flasche italienischen

Schaumwein, 2 Liter Pilsbier, 35 cl. Vodka. Zubereitung: Würstchen vom Wurstwasser trennen und in mundgerechte Stückchen schneiden. Beiseite legen. Cocktailkirschen enthäuten. Wurstwasser mit Bier und Vodka auffüllen. Würstchenscheiben mit Gürkchen und Kirschen beigeben, nach Belieben mit Schaumwein auffüllen und etwa 3–7 Stunden ziehen lassen.)

Und wie ich da nun so weiter rumblätterte, plötzlich zwei Gottesbeweise! Einer geht so:

Hansa-Pils von Silke. Es war einmal bei Silke. Wir tranken die Reste mit Klaus aus. So feierten wir Klaus sein Geburtstag. Als es Sommer war, sind wir mit Klaus an Kiesteich gefahren. Er hatte immer noch Hansa da; es waren die letzten drei, und wir waren auch drei und wollten die drei trinken. Wir Flaschen machten unsere Dosen auf und wunderten uns schon, daß man den Verschluß noch richtig schön wegschmeißen konnte. Außerdem schmeckte das Bier noch mehr nach Blech als sonst. Ein bißchen so wie Erbsen schmecken. Da haben wir uns sehr gewundert und gedacht, ob das schon zu alt ist. Dann haben wir drunter geguckt. Auf der Dose stand, es war genau der Tag, der war. Ha ha. Danke, lieber Gott, daß das Bier noch nicht abgelaufen war.

Ein weiterer geht so:

Erdbeben bei Silke. Es war einmal bei Silke, da lief ein Film von K&K mit Always Ultra und Orginal Flüssigkeit. Aber auch einer mit Sandmännchen, wozu die Kinder auch lustige Geräusche gemacht haben. Aber auch einer über Erdbebenvorhersager. So und nicht anders war das. Der Abend ging zu Ende, wir blieben aber noch und tranken. Wir hatten es uns vor dem Ofen gemütlich gemacht. Da ging unser Freund Jens M. nach unten in den Keller, um Nachschub für uns alle zu holen. Da geschah es ihm, was ihm und uns noch nie geschah, er fiel. Die Treppe hinunter. Am nächsten Tag erfuhren wir aus dem Fernsehn, daß ein Erdbeben geschehen war, deshalb

war Jensi gefallen. Ha ha ha. Danke, lieber Gott, das war ein lustiger Abend!
Nun war mir klar, was das mit dem »tüchtig beben« und so auf sich hatte!
Alles wird immer gut. Frohe zweite Rückreise im ICE mit ›Herrenhäusern‹, die es doch tatsächlich im Bahnhof von Magdeburg an der Bude billig und im Gebinde zu kaufen gab. Ich war aus dem Gröbsten raus.
Später dann wurde ich wieder einmal dorthin eingeladen. Da gab es auch wieder Ärger, auf der Rückfahrt. Am Hauptbahnhof Hannover war nachts alles von Polizei abgesperrt, und ich war wieder spät dran. Und da war jetzt wieder die Ungesichertheit des nächsten Augenblicks, die der Nichtglaubende als Daseinmüssen und der Glaubende als Daseindürfen erfährt. Sie sagten, es sei Bombenalarm im Bahnhof, und ließen mich partout nicht durch. Ich sagte, ich möchte, auf eigene Verantwortung, lieber von Bomben zerfetzt werden als diesen Zug verpassen. – Nein! Der Staat schützt seine Bürger um jeden Preis. Und ich soll den Nordeingang nehmen. Dazu mußte man unter einer sechsunddreißig Gleise breiten Brücke hindurchjagen, um die Ecke laufen, in den Nordeingang flitzen, zurück in Richtung Bombe (idiotisch genug!) und Gleis 8 finden, hochpreschen, und da stand schon ein Zug, zum Glück auch etwas verspätet. Auf einem Schild stand »Berlin«, also rein, Tür zu, Schuhe aus, Bier auf, Abfahrt. Und alles schön leer.
Zwanzig Minuten später hielten wir in Minden/Westfalen!
(»Allgemeine Regeln und Bedingungen der Vermeidung des Irrtums überhaupt sind: 1) selbst zu denken, 2) sich in der Stelle eines andern zu denken und 3) jederzeit mit sich selbst einstimmig zu denken.« Kant. Ich dachte, das kann nicht wahr sein! Bei Bombenalarm! Und die Vernunft selbst ist doch auch nur ein weiterer Irrtum.) Wie auch immer, der Zug war falsch, war von Berlin und nicht nach Berlin. Der Schaffner aber war

von Ricklingen und freundlich; er erklärte mir, wie ich mit regionalen Frühzügen über Stunden würde nach Hannover zurückgelangen können, und wünschte mir alles Gute. Und: »Gute Fahrt!«

Allein, die Wünsche halfen nicht. In Minden nahm ich einen dieser Elendszüge für Frühschichtarbeiter und Pendler, die den Idiotentest nicht schafften. Verkatert hockten wir elend und stumm unter summenden Neonröhren und quälten uns auf die Landeshauptstadt Hannover zu, welche sich ihrerseits seit undenklichen Zeiten auf etwas überhaupt Städtisches hinquälte. Plötzlich trat eine unvermutete Fahrschein-Kontrolle auf und behauptete öffentlich, ich hätte keinen gültigen Fahrschein für den Streckenabschnitt Minden–Hannover (was im Prinzip zutraf), weswegen ich nun sechzig Mark Buße auf Ablaß zu entrichten hätte.

Da verlor ich die Kontrolle! Ich bin an sich ein friedfertiger Mensch, und es würde sich das belegen lassen. Nur hier kam es nun anders. Ich brüllte wie ein Affe immer wieder die Worte »Bombenalarm«, »Berlin« und »Scheißminden« und argumentierte in besonnenen Erholungspausen, daß ich wahrlich Besseres zu tun hätte, als mitten in der Nacht in ein »Scheißminden« zu reisen! »Ich will nicht nach Minden! Ich will nach Hause!« Dafür hatten alle Verständnis. Alle wollten sie nach Hause! Der Kontrolleur erkundigte sich nun am nächsten Bahnhof nach etwaigen Bombenalarmen in Hannover und gab grimmig auf, an mir herumzuzerren, als dies telefonisch bestätigt wurde. Daraufhin verhöhnte man ihn noch ordentlich, woraufhin er sich an einem Bahnhof namens ›Haste‹ kleinlaut davon machte. Arschloch! Die Fahrt ging mühselig, aber um einiges beschwingter weiter.

Dann stand ich endlich, früh um fünf, in Hannover herum. Hotel lohnte nicht mehr. Ich dachte, so, hier ist der Bahnhof, und jetzt gehst du mal hier in der Gegend herum und in so ein rot ausgetöfftes Puff-Dingsbums rein, und dann guckst du mal weiter. Das probierst du jetzt mal aus. Denn heute ist der Tag, an dem du mal in so einen Puff gehst. Und heute ist der Tag, an dem dir dort ganz sicher eine Versteifung gelingt! Heut ist Tag der Auferstehung des Gliedes! Es war aber weit und breit kein gemöfftes Plüschdingens auszumachen. Also stand ich zwei Stunden steif in einem Stehbier-Dingsbums herum. So war das.

Der Rest bestand aus etwas zu groß geartetem Kleinkram. Mehr ist da nicht zu erzählen. Diese Zeit war flau.

IV.
Die zwiefachen Zeugen

Wo lex voran,
Da fraus Gespann.
Alter Spruch

Es ist der Gang Gottes in der Welt,
daß der Staat ist.
*G. W. F. Hegel, Rechtsphilosophie,
§ 258, Zs.*

Eines Tages war die Mauer offen, wir brauchten keine Angst vor ›Vopo‹ mehr haben. Da man nun alles von der Welt, fast nichts aber von der Ostzone gesehen hatte, ihr als Projektion regressiver Paradiesvorstellungen bisweilen auch still gewogen war, wollte man sich das kuriose Land doch einmal von nahe anschauen. Und auf eigene Faust.
Ich hatte den Osten zuletzt als Kind erlebt; da sah man nichts, da spürte man nur einen Mulm. Die Sache war mulmig. Man war voller geomatischer Mutungen unheilvoller Art. Denn mein Vater hatte als Kommunist und Skeptiker Probleme in der DDR gehabt und war, 1950 aus der Partei ausgeschlossen, in den Westen gegangen. In der Ostzone befürchtete er immer das, was er schon bei den Nationalsozialisten zu befürchten gehabt hatte. Ein Erzübel der Obrigkeit der DDR war ein grundlegendes Mißtrauen und eine Feindseligkeit auch – oder gerade! – den ihnen Gewogensten gegenüber.
Dann hatte es während meiner Schulzeit merkwürdige Propagandareisen in die DDR gegeben; da hatte man schon mal tiefere Blicke hineinsenken dürfen, aber das war natürlich auch so eine seltsame Zeit für sich und so eine komische Sache für sich, wenn man da als Schüler mit Akne und Staats-

gast mit dem ›Ikarus‹ durch die Gegend chauffiert und allerorten gemästet wurde. – Davon später.
Dann gab es die ›Passierscheine‹. Ein Formularwahn aus der Vorstellungswelt der Büros und Kanzleien beider Staaten. Drei-, viermal hatte ich diese Antragskomödie ertragen. Man erlebte in Westberliner Baracken eine gesamtdeutsche Beamtennummer surrealer Art. Der Besuch war dann regelmäßig eine derbe Enttäuschung. Man kannte keinen im Osten, und das wahre Leben fand in den Wohnungen statt, also latschte man blöd in Mitte durchs falsche Leben um diesen blöden Funkturm herum und ließ sich demütigen: »Nein! Sie werden plaziert!« Und überall Bullen und Kohlenmief. Im Zweiertakt wurde dem unsrigen Autowahn hinterhergestunken, und der ganze Quatsch bedrückte außerordentlich. Das alles mußte Absicht gewesen sein, denn man fuhr nicht mehr hin.
Einmal noch fuhr ich mit Butzmann hinüber. Ein Kunstkommissär Tannert hatte Kontakt aufgenommen; er wollte irgendwie ein befreites Kirchenkonzert mit uns organisieren. Also sind wir rüber, soffen einen Abend gemeinsam im ›1900‹ und hörten von Christoph Tannert Dinge, von denen man nichts geahnt hatte. Hugh Everetts Viele-Welten-Theorie war offenbar doch richtig. Gegen Mitternacht wurden wir in einen ›Trabant‹ gesteckt und nach Hause getunnelt. Aus diesem Auftritt wurde natürlich nichts. Es war auch unvorstellbar, wie wir unseren Elektrokram da hätten rüberbringen sollen; wie wir das den Grenztruppen hätten plausibel machen sollen, daß wir so was ständig mit uns führen mußten, so viele Knöpfchen und Kabel. Mein Gott: Kabel! Wir wären verhaftet worden. Kabel waren doch so was von verdächtig und suspekt! Da konnte man durchfunken; das war Agentensache.
Also, man hatte es nie für möglich gehalten, doch das Arbeiter- und Bauerndingsbums brach ächzend zusammen. Alle standen blödsinnig begeistert mit ihren Hämmerchen an der

Sektkorkengrenze herum, machten den obligatorischen Festkrach und freuten sich. Na gut.
Ich pendelte damals beruflich Berlin–Kassel ab. Borgte mir regelmäßig den alten braunen Variant-Volkswagen der Mädels Christiane Schmidt und Nora Bierich, die für freimütige Autoverborger gelten, weswegen sie hier unerwartet erwähnt und tüchtig belobigt werden sollen. Danke!
Man verließ keck die Transitautobahn, fuhr als Spanner die Reichsstraße eins, Aachen–Königsberg, ab, auf der Lauer nach pittoresken Plastesachen und ungewöhnlichen Ereignissen. Ein Begehren nach Kolportierfähigem trieb alle rastlos hin und her. Allerorten fand investigativer Tourismus statt. Seine Basis ist bekanntlich die Summe aus Geiz und Schnäppchen. Man fraß und soff mit gerubeltem Geld die Ostzone kahl, kam sich schick vor, beim Fassen der Schweinenacken mit Setzei zu 3,91 M Ost, eins zu zehn gerubelt bei Zwielichtern am bösen Bahnhof Zoo, von wo man schon immer die Ostzone zu zermürben gewillt war. (Wofür ›Christiane F.‹ dann die ausgleichende Quittung war!) Leute, bei denen man es nicht für möglich gehalten hätte, fingen diese ekelige Heckerei an, die sie sonst wahrscheinlich in sogenannten Urlauben in Griechenland treiben – ich weiß es nicht, war nie dort –, waren aber natürlich für den Erhalt der DDR an verquatschten runden Tischen mit Indianergeld.
Alle gaben an, was sie alles Tolles in Brandenburg und irgendeinem ›Mecklenburg-Vorpommern‹ entdeckt und billig abgegriffen hatten, und die schönen Seen und die alten Mäuerchen und der ganze Heimatscheiß und die blöden geklauten Mitropateller und der ganze geknümmelte Salatbarwichs. Ach und O!
Das war damals die Spanneravantgarde, die gutgelaunten jungen Menschen, der dann in vorsichtigem Abstand diese ganze Zehlendorfer Tagesspitzelei folgte: der dumpfe Sonntagsmarsch, wo es jeden Beamtenkopf in die Parks um Sanssouci

treibt, und dort tappen sie fotografierend in den tiefen Spuren Fontanes und Onkel Ohffs umher und halten Ausschau nach günstigen Immobilien und stellen sich an Friedrichs zwoter Liegestelle auf und denken nach über Deutschland. Eine ideologisch hinreichend kolumnierte Siedler-Bewegung.

Man stellte allerorten den Fahrersitz aufrecht und gaffte mit fünfzig übers Lenkrad in die Geschlechtsteile der Ostzone, die einem das dortige Regime vierzig Jahre lang vorenthalten hatte. Im Autoatlas wurden Feldwegrouten rommelmäßig markiert. Die Radfahrerhelme arbeiteten sich mit ihren blöden Rucksäcken und Gören wie Spätheimkehrer durch die Rapsfelder und lobten das authentische Gelb. Man lutschte an jeder Müllkippe ganz unten und lugte in LPGs und HOs mit begehrlichem Blicke.

Nicht unangerührt von solcher Vollidiotie, rollte ich während jener Tage eine kaum befahrene Landstraße mit dem braunen Variant entlang – die Ostgoten waren derzeit noch schütter motorisiert, es ging noch gemütlich, aber die Autofrachter aus Fernost brummten schon durch den Suezkanal, das Begrüßungsgeld höchstmögend nach Japan zu holen –, als ich auf einmal eine somnambule Vollbremsung vornahm.

Was war das jetzt gewesen?

Rückwärtsgang. Tatsächlich: Ein Geschenk war für mich am Straßenrand abgestellt worden! Ein gekonnt verschnürtes Paket, eine opulente Packpapierbescherung. Ich sicherte nach links und rechts und zerrte das geheimnisvolle Stück geheimdienstlich hinten in den Variant rein. Und befuhr erst mal einen bedeckten Waldweg, wo ich dann aufgeregt an den Paketschnüren schabte. Es liefen ja auch neunundachzig noch die alten Uniformen zahlreich durch die Landschaft, und man hatte noch diesen alten Ostmulm in den Knochen. Bei mir ist das bis heute nicht verschwunden, diese schauderösen Reaktionen auf Gerüche, Bilder und Trabanten; ich fand ihn gar nie putzig, diesen Wagen; für mich ist das was ganz Schauriges, dieses im Zweiertakt stinkende Kleinbürgertum, in dem jetzt die Bekennenden Patrouillen fahren.

Gut versteckt schabte ich an meinem Weihnachtspäckchen. Was heißt Päckchen? Das war schon ein Paket! Also, was war drin? Es waren Formulare drin. Hoheitliche DDR-Sachen. Die Blätter waren zu dicken Abreißblöcken verklebt. »Protokoll über Zechbetrug«, also Zechbetrunk und Zechprellerei. Unfaßbar! Jeweils vier Durchschläge schwarz, rot, grün, blau. Pigmentarme Saugpostqualität. Große Umständlichkeiten, zwei Zeugen, dies und das. Ein unfaßbarer Bürowahn. Im Westen hätte man es für einen fotokopierten Büro- und Kneipenulk gehalten. Die Dinger waren aber amtlich und ernstgemeint!

Was sollte das? Der unfaßbare Hanne-Darbovensche Papier-, Aufschreib- und Protokollfleiß der DDR verblüfft bis hin zu großer Traurigkeit, weil es doch mit den vielen Zetteln um jeden Scheiß mit vier Durchschlägen in tausend Hängeakten in zehntausend Eisenschränken und Karussellapparaten vor kilometerlangen Leitzordnerfassaden so völlig aussichtslos war. Ein total verstopfter Quatsch. Wer hätte das alles jemals bewältigen oder bearbeiten können? Das wäre doch nur mit Großrechnern zu bewältigen gewesen, wie sie die Hardthöhe und der Verfassungsschutz bei uns längst haben. ›IM‹ hätte sozusagen nur als ›IBM‹ funktionieren können. Und so wird – mit Gottes digitalem Dazutun vermittelst Hegel und irgendwelchem globalen Nixdorfgefummel – der Pfarrer Gauck nun erstmals die gehäuften Schriften und Zechprellapokryphen überhaupt hermeneutisch bzw. exegetisch bewältigen können, weil er ja jetzt die Festplatten hat. Insofern organisiert er wohl die Apotheose neuester Staatssicherheiten.

Die Modellpalette der Staaten ist weiß Gott absonderlich. Als ethische Großeinrichtung würde ich, als älter gewordener Mensch, ihm, dem Staat, jedenfalls den Vorrag vor jeglichem Chaos zugestehen, sofern er nicht völlig verderbt ist oder die

allgemeine Wein- und Bierschank-Gerechtigkeit bezweifelt. Hauptsache, ich kann sagen und schreiben, was ich will. (Tun ist was anderes.) Dann soll es ruhig auch ein wenig elektrokomisch zugehen.
Ich habe neulich mal interessehalber so einen Klappkomputer und Schlepptopf auf einer sehr genauen Küchenwaage vermessen. Anschließend stopfte ich das Programm für die neuen Postleitzahlen, den ›Wahrig‹ sowie den ›Duden‹ mit hinein, beides durchaus Kleinmöbel. Dann wog ich nach: das unheimliche Gerät war nicht ein hundertstel Gramm schwerer geworden! Dem ›Wahrig‹ mußte etwas wahrlich Virtuelles widerfahren sein oder so; er war ja drin, aber anscheinend auch wieder nicht. Ein schwereloser Datenspuk. Und damit soll es nun alles leichter gehen in Zukunft, vielleicht. (Auf jeden Fall sind wir angefixt und werden die Kisten lebenslänglich anschaffen müssen, bis hin zur bildbeschirmten Grabgestaltung.)
Dahingegen die real existierende Zettelaporie der DDR, ihre unterirdischen Aktenwucherungen und Laufaktennetze, der umfassende Protokollwahn; das muß man auch mal zurückgelehnt bedenken und bewundern: Das sind ja weltwunderliche Zeichenpyramiden, das ist ja ›Art brut‹, wenn nicht gar ›rhizomatisch‹! (Das deleuzianische »Deterritorialisieren« habe ich mir übrigens immer von Erich Honecker gesprochen gedacht: »Dädärredorrellisiern«; es macht das merkwürdige Wort seltsam wahrhaftig! Wie von Spitzweg gemalt.) Auch der Kampf gegen den Verfall der Saugpostpapiere durch ständige Handkopien war aussichtslos, eine Planierraupe ewiger Aufschieberei endloser Auswertungen. Da hockten hunderttausend gebückte Büroknechte, die Punkt zehn mit dem Stullenpapier knisterten, und dann dampfte republikweit der schlechte Kaffee aus tausend Thermoskannenschloten nach sowjetischem Vorbild!
An solch autopotenzierte Bemühungen kommt im Westen

eigentlich nur ›Video‹ ran. Hochzeit, Taufe, mindestens drei Videokameramänner nehmen alles auf, ›in Echtzeit‹. Und während der Vorführung der verdreifachten Hochzeiten und Taufen werden wiederum Aufnahmen gemacht, die alles verneunfachen! Und die Mormonen speichern alles in ihren atombombensicheren Archiven und retten unsere und unserer Verstorbenen Seelen.
Jetzt kommt aber noch eine ganz unwahrscheinliche Nebengeschichte, wie sie bei unglaublichen Geschichten immer hinzukommen und dafür sorgen, daß es nachher überhaupt keiner mehr glauben möchte: Ich besuche einige Zeit später den Freund und Trommler Sven Åke Johansson. Er kommt gleich an: »Kapielski, ich habe was Ulkiges für dich!« – Protokolle über Zechbetrug!
Was denn nun? Er hatte, Zufall, um Minuten oder Stunden versetzt, denselben Geheimtip befahren und ein gleiches Paket gefunden. Es mußte also ein Lastzug, in Eile und ohne Sorgfalt über und über mit Paletten mit Protokollen über Zechbetrug beladen, die Nebenstraße befahren haben. Es mußte eine uns verborgen gebliebene Massenbewegung des Zechbetrugs in der DDR stattgehabt haben, deren Spuren man eilig verwischen wollte. Nur eine Nachlässigkeit beim Versand kehrte die Absicht ins Gegenteil. Wir waren zu zwiefachen Zeugen der Protokolle über Zechbetrug in der ehemaligen Ostzone geworden!
Und nun muß es ans Licht! Man muß endlich eine vollständige Liste der Zechbetrüger der ehemaligen DDR herausgaucken. Man muß Roß, nun aber endlich auch einmal Säufer nennen! Sie alle können dann als Widerstandstrinker gelten und Lastenausgleich in Form von Getränkecoupons auf Westzechen beantragen. Und die Säufer waren ja nun auch die einzig wahren Kämpen früher! Weiß Gott, ich habe es selbst erlebt, 1967 in der Uckermark, die sie selbst dort Schluckermark nennen, und im Spreewald 1968 noch schlimmer!

V.
Irrlehren und Linsengerichte

> Hosann! Triumf!! Halleluja!!!
> *Quirinus Kuhlmann, 79. Kühlpsalm*

> The similarities are numerous and astonishing.
> *J. M. Bochenski, Thomism and Marxism-Leninism*

> Weißgardistische Wichte mit der Kraft
> eines elenden Gewürms.
> *Geschichte der KPdSU (B). Kurzer Lehrgang*

Osten ist schöner – Westen besser! Das dachte man so salopp dialektisch als radikal linkshegelianisch bekennender junger Mensch ab 1967 im Berliner Westen. Manchmal sogar umgekehrt! Da war ich sechzehn, und da war man dem Osten schon gewogen; aber so ein Zaun drumrum und drinnen, in dieser seltsam vernagelten Wohnlaubengenossenschaft, ein paranoid und sozialpädagogisch vereinfältigter Buch- und Schallplattenvertrieb, das ging nun natürlich gar nicht! Wir wollten auch nach Laune mit bedenklichen VW-Bussen nach Afghanistan verreisen dürfen, um dort dem Jammer der Dritten Welt, während elend ewiger Regenzeiten, den eigenen hinzuzufügen. Wir wollten am Teufelssee nackt Nachtsbaden und die mit Herpessalben chronisch verschmierte sexuelle Revolution vorantreiben, so was wollten wir! Auf schwarzlackierten Regalen mußten neben den ›Captagon‹-Schachteln die indirekt beleuchteten Artaud-Bände neben der vierbändigen Mao-Tse-tung-Ausgabe stehen, und während verhaschter Hustenanfälle hörte man ›Haps Hash and the Colored Code‹ und schüttelte den verfemten Pilzkopf. Das Rauschmittelsortiment wurde breit gehalten, damit es uns breit halten konnte. Wer wollte, ging in die ›Dicke Wirtin‹ saufen, bis die Schwarze krachte, oder nahm seine Essigvariationen im ›Mr. Go‹ ein oder tat sonst was er wollte im ›Unergründlichen Obdach für Reisende‹ und sonstwelchen befreiten Löchern. Dabei wurde sogar ein gewisser Verlust an allgemeiner Schwindelfreiheit in Kauf genommen. Das war alles nicht leicht und oft etwas sehr unerlaubt, aber es ging.

Wenn mir heute, dreißig Jahre später, eine Streichfettreklame im Fernsehn die Behauptung: »Die Freiheit néhm ich mir!« aufs Brötchen summt und dazu mit einem weiblichen Haucher Generalapprobation in Gestalt eines: »Du darfst!« drauf gibt, tja, dann lache ich mich tot über mein heutiges Gänsehäutchen, denn das haben wir so nicht gewollt, aber doch so erreicht, den soften Konsumnihilismus und einen brachialen Sozialnihilismus, und wir dürfen endlich Diätmargarine kaufen bis zum Abwinken und auch sonst machen, was wir wollen, wenn wir nur können. Die diabolische Kraft der befreiten Konsumbegierde ist weltweit zum Movens aller letzten Dinge geworden, hat den Ostblock weggeschmolzen und wird nun auch alle übriggebliebenen Indianer kirre machen. (Um dann autoimmunschwach selbst davonzusterben?)

Mein damals schon etwas angekränkelter Ostonkel ›Orje‹ aus Berlin-Johannisthal hatte seit etwa 1987 sogar auf Westmineralwasser der Marke ›Bismarckquelle‹ bestanden und sich die Kästen als Rentner auch anstandslos rüberschleppen dürfen, währenddessen seine werktätigen Genossen diesen eklig süßen Rhabarbersaft saufen mußten, vor Verzweiflung mit immer mehr Schnaps drin. Da wußte man dann schon: Das hält nicht, dies Land wird untergehen! Aber lange davor war man der DDR innerlich doch ziemlich gewogen, aus Gründen des Protestes, aus Gründen projizierter Sozialpusselei und fast schon wie Egon Bahr aus Gründen tieferer Einsichten den Weltfrieden und die Geopolitik betreffend und auch die gegenstrebigen Fügungen und die philosophischen Implikationen der Differenz mitbedenkend.

Ding dong! – Wir hatten so unsere Gedanken! Das hatte Tiefe und stimmte dann ja auch! Dabei wußte man gar nicht genau, was da drüben so lief, in diesem eingeschnappten und um Anerkennung winselnden Landstrich. Man kam ja eine Strecke lang überhaupt nicht rein dort, als Westberliner.

Gegen Ende der sechziger Jahre, als die Ostzone also diese hochverplombte Monade bzw. Angelegenheit und es auf normalem Wege unmöglich war, in diesen sonderbaren, diesseits hartnäckig mit Anführungsstrichen bekämpften Erdenbezirk zu gelangen, hatten wir an unserer Berlin-Neuköllner ›Fritz-Karsen-Schule‹ einen Schulkameraden und Jungkommunisten namens Rolf Schübner, welcher sich als Mitglied zur Gruppierung ›Freie Deutsche Jugend Westberlins‹ (FDJW) bekannte, die eine sozialistisch orientierte, im Grunde aber – wie wir wissen und wußten – revisionistische Parteiung Moskauer Prägung war und sich natürlich vorzüglichster Beziehungen zum kommunistischen Ostsektor und der dortigen FDJ rühmen konnte. Dieser unser freier deutscher Jugendliche Schübner betrieb also auf Grund seiner besten Verbindungen zur DDR, neben allerhand Indoktrination und Parteigruppengewese vor Ort, auch ein auf die DDR spezialisiertes Agitprop-Reisebüro für Westberliner Schüler, welches über ihn und verhackelt mit allerhand ostzonalen Parteiorganen uns, den dort ja für gewöhnlich barsch ausgeschlossenen Westmenschen, eine exklusive, angenehme und preiswert veranstaltete Unterwanderfahrt auf Pauschalebene mit Vollpension in jedweden Winkel des verplombten, damals ja geradezu entelechisch vor sich hinschmurgelnden Landes ermöglichte.

Es ähnelte auf komische Weise dem, was der Westen später mit den Massen im Osten trieb, als er, erste Durchlässigkeiten nutzend, sie mit Reisebussen und Heizdecken für unerklecklich Fahrtkosten in den ›Heidepark Soltau‹ verbrachte, um sie dort hinterlistig in die Vorzüglichkeiten kapitalistischer Lust- und Lebensprinzipien zu verheddern. Auch bei uns Schülern

waren diese verkehrten Margarinereisen in die Ostzone sehr beliebt, sie hießen aber nicht Margarine- oder Buddhafahrten, sondern ›Bockwurstfahrten‹. Inoffiziell natürlich.
Die Bockwurstfahrt kostete fünf Mark West, welche einem aber augenblicklich in fünf Mark Ost Taschengeld zurückgetauscht wurden; eine Großmütigkeit, für die man sich gewöhnlich und schnell noch vor Antritt der Busfahrt ins Landesinnere der DDR, am Bahnhof Friedrichstraße am Wurststand oder im grauen Wurstimbiß unter der Bahnbrücke, eine der wohlfeilen ostdeutschen Bockwürste kaufte, weswegen die Bockwurstfahrten auch Bockwurstfahrten hießen. Man kaufte diese Bockwurst, weil es schwerlich Möglichkeiten gab, die fünf Ostmark während der Dreitagereise anders fortzuschleudern, da auf einer solchen Bockwurstfahrt eisern Vollpension galt; denn heimliches Ziel der Reise war ja, daß wir frohe Botschaft vom Arbeiter- und Bauernstaate mit hinüber nach Westen tragen und dem Lande auch fortan von Herzen gewogen sein sollten, wozu komsumistische Vollsättigung unbedingte Voraussetzung war, weil diese damals im Streit der Systeme sozusagen die Hauptkampflinie bildete und es damit bekanntlich östlicherseits etwas schwächlich bestellt war, weswegen wir während der drei Reisetage im Schube einer Art sozialistischen Kompensationskonkupiszenz auch derart gestopft und genudelt wurden, daß man fast schon wieder froh war, anschließend einer beschwerlichen Flucht über die Staatsgrenze in den frugalen Westalltag offiziell enthoben zu sein.
Wurstfrühstücke mit zwei Eiern, vom späten Vormittag an zweimal warm, dazwischen Gebäck und Tortenspeisung, maßlose Platten zum Abendessen und im Bedarfsfalle immer verfügbare Nachtmahlzeiten, ein allgegenwärtiges ›Edite, bibite!‹ auf rotem Parolenstoff und darunter die Sachen für zwischendurch in Wurstkesseln und Gurkengläsern zur immerwährenden Wegzehrung. Bei Gott! Die sozialistischen Speisepläne waren schon am frühen Vormittag regelmäßig mehr als über-

erfüllt, und so mochte Adams Sattsein vor dem Sündenfall sich darstellen! Da fehlte nur noch das Apfelkomplott.

Und das paßte ja, denn man fraß ja in diesem Alter wie ein Irrsinniger. Ich hatte mir damals vor Hunger sogar einen dampfgetriebenen Eierkocher angeschafft und fraß ein Jahr lang wenigstens acht harte Eier pro Tag! Im Hungerdelir fraß man ohne Bedenken den südamerikanischen Völkern die Bananenstauden vom Kopp! An dieser Sündenfrucht stopften wir uns gottlob schon 1968 über; damit war dieser Fall oralneurotisch infantiler Selbstmästung erledigt. 1989 fand der epidemische Bananenfraß und die Vertreibung aus dem Paradiese dann auch im Ostvolk statt. Damals aber fraßen wir Schneisen durch die DDR. Als Maoist war einem auch bekannt, daß die chinesische Grußformel »Chi le ma?« wörtlich »Schon gegessen?« bedeutet.

Die Fresserei fördert uns vor Gott wohl eher nicht (1. Korinther 8,8), sie ist aber ohne Zweifel ein Politikum. Die propagandistisch kalkulierte Vollmast zeigte Wirkung unter uns Schülern. Und das alles hatte auch so eine physiotheologische Abgründigkeit: Im fundamentalontologischen Völleempfinden sagt sich ja der Mensch, zum Dasein erwachend: »Du bist satt!« Aber in diesem Du-Bist klingt mit: Du mußt jedoch nicht satt sein! Etwas, du weißt nicht, was, ficht dich in deinem Sattsein an, und dieses Angefochtensein von der Möglichkeit des Auch-nicht-satt-sein-Könnens bewirkt Angst, und zwar so, daß sie dich anzieht und abstößt. Im Rückstoß erfährst du, daß du bist! Wenn du aber nicht satt sein mußt und doch bist, was ist es, das bewirkt, daß du bist und nicht nicht-bist? – Tja, was? Es lag metaphysische Antwort in Form einiger mit Südfrüchten durchgarnierter Obstteller nahe. Sie stellten 1967 im Osten sogar Bananen für uns bereit! Folglich begegnete man im Hunger dem Tode; im Sattsein Gott, vulgo Sozialismus! Denn der Sozialismus und die DDR sättigten uns! Das Sattsein bestimmte das Bewußtsein. Das waren so die eher theologischen Argumentationsstränge des jeweiligen Kantinentraktes, und das war natürlich merkwürdig, denn wir befanden uns schließlich auf dem Territorium der doch wohl eher atheistisch gesonnenen Deutschen Demokratischen Republik! So ganz abwegig war dies alles aber auch wieder nicht! Denn eben hier, im sozialistischen Entwurfe, versuchte man ja, vermittelst eines kommunistischen Erlösungs- und Speiseplanes, die Grenze des individuellen Westdaseins zur sozialistischen Welt und so die Erkenntnis der je eigenen Hinfälligkeit vermittelst unerhörter Fressereien dialektisch aufzuheben. Wir Reisenden waren über Tag in eine Art Speisesoteriologie verstrickt; allerdings nicht allein auf Grund der uns offiziell verordneten Gelage, sondern auch wegen allerlei selbstorganisierter, inoffizieller Nebensachen.

Die nach dem raschen Bockwurstverzehr im Raume Friedrichstraße erheblichen Restgelder nämlich wurden dann für gewöhnlich und eilig an umliegenden Buden in Spirituosenkäufe gesteckt, weswegen die Bockwurstfahrt ehrlicherweise ›Schnapsfahrt‹ oder fachgerechter ›Goldbrandfahrt‹ geheißen hätte. Manch einer unter den Jugendreisenden gab sogar noch Westgeld für übermütige Valutaschnäpse im nahe gelegenen ›Intershop‹ hin, da wurden dann von einigen die ›Osbornes‹ und ›Jim Beams‹ rangeschleppt, weswegen diese Geldonkels hiernach auch immer viele neue Freunde unter den Reiseteilnehmern gewannen, die sich, einzig dieser freizügig ausgeschenkten ›Racke rauchzarts‹ wegen, gleisnerisch um diese umjubelten Westschnapsstifter scharten.

Anfänglich geringschätzte man diese Dicktuerei aus sozialmoralischen Gründen, bis man dann später erlebte, was die Westschnäpse noch so bewirkten und wie den hochmütigen Westschnapsstiftern dann letztlich nur Vorteile zuwuchsen; vor allem, wenn man anrechnete, wie es mit der Trinkbrüderschaft zwischen den uns später offiziell zugeführten und kennenzulernenden Ostjugendlichen und ausgerechnet diesen eklig

jovialen Westschnapsgönnern immer regelmäßig noch ganz dicke und enger wurde als mit uns Knickern und unseren ollen, politisch korrekten Ostfuseln! Die oberste Reiseleitung hatte nämlich immer eine Zusammenführung und Aussprache mit natürlich handverlesenen Gleichaltrigen aus dem Osten in der Planung. Du liebes Bißchen! Das ging immer sehr prüde los, aber später dann, sobald die ganzen Knacker und Jugendonkels abseits in ihren Nischen soffen, da wußte man schon, warum man hier doch besser den Bruder Lustig mimte und harte Währung für ›Osborne‹ hergab!
Zu jener Zeit hatte ich von meinem Vater eine sehr brauchbare Drogenaufklärung empfangen: Er sagte: »Junge! Nimm keine Drogen! Trinke Bier! Das gibt es überall zu fairen Preisen und ist legal! Und: Meide zuviel Schnaps!« – »Danke, Vater!«
Da ich trotz großer Bemühungen mit Haschisch gar nicht klar kam – ich wurde nur schwermütig und lebensuntauglich, wobei ich auch noch stundenlang kotzen und – gleichzeitig! – husten mußte –, nahm ich mir das zu Herzen und vermied immer möglichst auch die Schnäpse. Also kaufte ich dann immer ›Radeberger‹ bei ›Aldi‹ und schleppte, anläßlich der Bockwurstfahrten, anstatt eines Intershop-Schnapses immer einen Kasten ›Radeberger‹ mit in die DDR. Nach Onkel Orjes nachmaligem Vorbild! Der Kasten war dann gottlob immer schnell, meist schon Friedrichstraße alle, und gegen das gewöhnliche Ostbier war nun soviel auch nicht einzuwenden.
Im Vorfeld der Reise wurden den Reiseteilnehmern, deren Höchstzahl einer Busladung, also etwa 40 Personen, entsprach, allerlei Fragebogen ausgehändigt, welche sie im Beisein unseres Reiserenegaten Schübner umständlich auszufüllen gehalten waren – eben dieser damals notwendige und hochwichtige Formular- und Saugpostirrsinn der DDR. Dann überreichte man dem Schübner als eigentliche Vertragsbeschließung für die Reiseteilnahme einen unserer ›Spandau-Dollars‹,

also einen Fünfmarkschein West gegen Quittung im voraus und war quasi per Handschlag im Ost-West-Geschäft!

Für damals unfaßbar. Denn kein Westberliner durfte während dieser Jahre in die DDR einreisen, und mit dem ›BRD-Paß‹, den sich viele Westberliner extra besorgten, durfte man ausschließlich und höchst umständlich für Stunden nach Ostberlin hineinschauen, während in den ganzen Rest allenfalls vorher in Quarantäne auf Hundestäupe untersuchte Alliierte vordrangen.

Wir aber durften! Alles umwehte mithin ein Hauch von Geheimnis und Landesverrat. Wir befanden uns schließlich in den Kalten Kriegswintern der Jahre 68, 69, 70; und obgleich uns das bundesrepublikanische System grundsätzliche Reisefreiheit zubilligte, wurden solche seltsam völkerfreundschaftlichen, west-östlichen Pauschalreisen von den unsrigen diversen Geheimdiensten dennoch drastisch beargwöhnt und abgehorcht, auch wenn es heute den Anschein hat, als hätte es damals einzig und allein östliches Interesse an Staatssicherheit und informeller Mitarbeit gegeben. Quatsch! Ein Elend nämlich ist die Bewachung eines großen Vermögens! Und Furcht vor Unterwanderung hegten auch die fetten Reiche des Westens. Das ganze Geheim- und Spitzelgewese lief nur etwas dezenter, in gewisser Weise moderner und klinischer ab als im Osten.

Gerade wir wußten das genau. Denn wir selbst, die ganze und gar restlose Westberliner Reiseexkursion, bestanden ja selber aus lauter radikalsubversiven Conventikeln und waren ML-Zeloten aller Couleur, vor denen die Bundesrepublik sich damals besonders leidenschaftlich fürchtete. Der Reisepulk bestand aus einem guten Dutzend Maoisten chinesischer als auch italienischer (›PLPI‹) und sogar albanischer Konfession; bestand aus einer nicht unbeträchtlichen Anzahl an Mitgliedern und Kandidaten der trotzkistischen ›4. Internationale‹ sowie einem Halbdutzend neuapostolisch orientierter Anhänger der Nicaraguanisch-Cardenalschen Befreiungstheologie sowie noch allerlei, im weitesten Sinne rousseausch gesinnter, Utopisten und Philanthropen und im übrigen ja auch aus dem grauen Revisionisten und Reiseführer Schübner selbst nebst kleinem Nachtrab (›FDJW‹).

Dieser Nachtrab hatte es allerdings in sich! Der Schübner war, wenn auch mitunter sehr heiter und jugendbewegt, im Grunde eine etwas langweilige Gestalt. Der soff zwar auch gut mit und war auch für etlichen Mist zu haben, nur wurde sein Wesen, da konnte er machen, was er wollte, eine gewisse Karl-Heinz-Haftigkeit nie los. Diesen inneren Hans-Joachim konnte er nicht abschütteln, und er sah auch immer aus wie ein etwas zu jung gebliebener Schlafwagenschaffner: weißes Oberhemd, die Bügelfalte, Bürobrille mit Goldrand, während wir anderen alle wie struppige Waldschrate, Frühchristen und bunte Berber rumlatschten. Wie also war es diesem Kassenwart gelungen, gleich zwei so scharfe und verdammt gut gebaute Proselytinnen zu machen? Wie hatte er bloß die zwei eindeutig besten Frauen, nicht nur dieser Reisegruppe, auf seine FDJW-Leimrute locken können? Ausgerechnet ihn, den Schlafwagenschaffner, umgab hier der allererotischste Damenflor! Für alle unfaßbar!

Man neidete inständig! Besonders die Trotzkisten konnten es nicht verwinden! Denn hier lag das Problem derjenigen Gruppierungen, die die Lehre vom Marxismus-Leninismus seinerzeit vorgeblich reiner vertraten: Es fehlte ihnen gehörig am weiblichen Elemente; sie krankten an der natürlichen Zusammensetzung ihrer geschlechtlichen Gruppenabende! Unter den Trotzkisten nämlich befand sich damals überhaupt keine, unter all den Maoisten lediglich eine Dame! Dazu eine sozusagen mitgebrachte, irgendwie verwandtschaftlich lose an einen Maoisten gebundene, halbwüchsige Monika, die die maoistische Gruppierung als auch insbesondere die Reise in den Osten nur zum Anlaß nahm, sich immer mal gründlich ihrer häuslichen Bewachung zu entziehen und sich hemmungslos ihren pubertären Neigungen hingeben zu können, die zentral aus promiskuitiven Unternehmenslustigkeiten bestanden. Da sie sich hierbei als sehr transferabel erwies und auch überaus ansehnlich war, im Reisebus auch grundsätzlich in der letzten Reihe Platz suchte, wo immer die Frivolsten hockten, galt die frische Interbrigadistin Monika, ein wenig zum Verdruß ihrer maoistischen Stammesgenossen, als allseits begehrtes und ökumenisches Vollmitglied der interkonfessionellen Reiseexkursion.

Zu diesen Maoisten gehörte leider auch ich. Eine Frau und zwei, drei Gruppenabende die Woche; das muß man sich vorstellen! Und alles freiwillig! Die anderen Nächte der Woche strebte ich dann ins ›Zodiak‹ und an ähnliche Vergnügungsorte, wo alles besser aussah. Die Damen geben eben, vor der Politik, dem Tanz den Vorzug; also tanzte und tagte man eben auf zwei Hochzeiten. Ein seltsames Doppelleben damals; einmal diese ernsten Vereinsabende in Kampf-Kritik-Einheitsstimmung und dann immer die bekifften Headbanging-Orgien mit Wabbeldias im ›Zodiak‹!

Also ein gutes Drittel der Reisegruppe war weiblichen Geschlechts. Aber was heißt das? Von ein paar wenigen gräulichen, der Befreiungstheologie anhängigen Neuapostolinnen sei nur vermerkt, daß sie, wie Gemeindehelferinnen in asexuellem Reformschuhwerk, unauffällig, aber beharrlich, hinter uns herlatschten, im Prinzip also damals schon ›grün‹ waren, als es das noch nicht gab, und zumindest doch recht tapfer und hierbei auch recht auffällig an den häufigen Besäufnissen Anteil nahmen, wobei sie in den trüben Räkelbetten alkoholischer Verwirrung auch hin und wieder penetriert werden durften und auch werden wollten.

Es war ja alles so schonungslos libertär damals, und da wurde, aus Gründen der Egalität, eben keiner verschont. Jeder hatte seine Chance, und es war bei der Drittelparität auch egal, wie wer aussah. Der ›Racke rauchzart‹ machte die Falten schon glatt! Die zwei allerschärfsten Ischen allerdings waren nun eindeutig die zwei rätselhaft mit unserem Hans-Joachim Schübner vertrakten Schönheiten, die wie Models und hippe Discoladys, der Mode immer ein wenig voraus, in Minis, Hot pants oder Schlaghosen herumwedelten und, ich weiß nicht mehr, irgendwie so Gabi oder Sabine hießen (oder gewissermaßen Chadidscha und Aischa, die Weiber des Propheten, obgleich die nun doch sehr unterschiedlich waren) und auch wenig redeten, weswegen das Wunder ihrer Parusie die ganze Zeit über sehr unerklärlich blieb. Diese zwei verirrten Geschlechtsgenossinnen des Schübner machten (wie ›Primzahlzwillinge‹! Z. B.: 697053813 geteilt durch 2 hoch 16352 + 1 bzw. −1) alle Kader kirre und ließen aber keinen ran. Wir alle hofften inständig, auch den anämischen Schübner nicht! Alsbald kam dann Klarheit in die Sache. Doch davon später.

Die Abfahrt vollzog sich auf immer gleiche Weise. Freitag nachmittag versammelte sich die Reisegesellschaft auf dem verwinkelten Westteil des S-Bahnhofs Friedrichstraße, wo dann olle Schübner kraft seines Amtes den gutgelaunten, leutseligen Reiseleiter rauskehrte und den Teilnehmern der Exkursion wieder allerhand hochwichtige Saugpostzettel und Reisedokumente sowie eine Zellophantüte mit fünf Mark Ost gemischter Münze aushändigte und wir ihm anschließend in die finstersten Winkel des Bahnhofs folgten, wo wir auf seinen Befehl hin immer wieder mal jäh anhielten, uns der Reihe nach aufstellten und auf sein Kommando: »Alle mal durchzählen!« uns ziemlich idiotenhaft durchzählten, anschließend wieder in Zweierreihen formierten und, derart frisch ums Fähnlein gruppiert, weiter blöd hinter ihm herwackelten.

Das mußte irgendwie sein. An dieser seltsamen Grenze wurde es mit dem korrekten Durch- und Abzählen übergenau genommen. Und Überzählige waren seltsamer noch als Verschwundene, obwohl das kaum vorkam, daß mal einer zuviel war, eher

noch ein Schwund; den gab es bekanntlich schon. So also marschierten wir als bemüht mengenkonstanter Reisepulk im Gleichschritt, und vorneweg etwas verpimpft unser Gruppenleiter Schübner, über verwobene Wege bis vor eine massiv mostrichfarbene Eisentür, welche, ihrer Farbe wegen, von uns routinierten Mehrfachreisenden bereits ›Mostrichpforte‹ genannt wurde, ehrlicherweise aber, wie gesagt, besser ›Schnapsluke‹ oder ›Goldbrandportal‹ geheißen hätte. Dort hämmerte unser Pfadfinder Schübner dann konspirativ eine Ho-Ho-Hotschiminh-Sequenz gegen den senffarbenen eisernen Vorhang. Woraufhin sich regelmäßig gar nichts tat.
Dann aber doch. Eine Luke wurde östlicherseits durchs Beiseiteschieben einer neuerlichen Eisenplatte geöffnet und das vorschriftsmäßige Antlitz eines Zöllners wurde sichtbar. Aufgerüstet mit so einer, unter den Uniformierten der DDR damals wohl beliebten, finster verschatteten Beobachtungsbrille und einer hoheitlichen Schirmmütze oben drauf, flüsterte er irgendeine dämliche Parole, so ein »Hör ich das Pförtchen nicht gehen?« gegen den plötzlich ganz geheimdienstlich wirkenden Reisekader Schübner, woraufhin dieser mit einer zuvor vereinbarten Gegenparole: »Hat nicht der Riegel geklirrt?« sozusagen Paroli gab und so, vermittelst eines einzigen Schillerverses, einen für jeden Westpolitiker unfaßlich problemlosen Zugang zum kompletten Ostblock einleitete!
Hierzu wurden zunächst wieder die Parolenluke verschlossen, dann aber gut hörbar mehrere Eisenriegel östlicherseits beiseite gewuchtet und die ganze Eisentür, wie sich dann zeigte, sogar zu zweit, von innen, also ›ex oriente‹, unter gräuslichstem Gestöhne nach außen gestemmt. – Aha! Da staunte man! Das kannte man doch von woanders her: Tür nach außen öffnen. Das war wie bei Kneipentüren! Die DDR wurde wie eine Gaststätte gesetzlich nach Westen geöffnet, und man vermutete schon mit Entzücken eine ›Sozialistische Fluchtwegeverordnung von 1516‹, die die Seltsamkeiten dieses Limes um

einen weiteren Irrsinn regeln und erweitern mochte. Wir wurden freundlich hineingezählt und hinter uns fiel – rumms! – die stark armierte Pforte wiederum ins ehern mostrichmatte Schlösser- und Schutzwallsystem.
Als erstes begrüßte und verblüffte uns ein als »Genosse Matthäus« offenbarter Oberzöllner mit den Worten: »Junge Westberliner Freunde! Aufgehorcht! Der Mensch ist ein Fresser und Weinsäufer, der Zöllner und der Sünder Freund! Seid herzlich willkommen!« Ein sonderbarer Begrüßungsunsinn und Grenzulk. Nun, man wußte dann den Scherz als neckische Version von Matthäus 11,19 bzw. Lukas 7,34 zu deuten, und es ging also schon gleich theologisch-neutestamentlich los. Wir wunderten uns erst mal nicht weiter, das kam dann erst später, sondern erwiderten den merkwürdigen Gruß mit einem konzilianten Lukas 18,13 und folgten – man muß mir hier nun auch nicht alles glauben, aber im Grunde war alles so! Nämlich seltsam –, und so also folgte man nun, ohne weiter zu denken und zu deuten, einer anderen seltsamen Zollkraft auf von fahlem Neon beschienenen Pfaden und verließ das Unterirdische nach neuerlichen, aber freundlich gesonnenen Paß- und Papiereinsichtnahmen endlich und vollzählig im vom Ostblock beherrschten Teil des Friedrichstraßenbahnhofs, in unmittelbarer Nähe der bereits erwähnten Wurstbuden und Spirituosenhandlungen, wo sich auch bis heute eine davon, mit Imbiß und Stehbierausschank, genau an gleicher Stelle und natürlich drastisch verändert, bis in die neue Zeit hat retten können und wo sich damals dauernd die auch schon beschriebenen Schnapskäufe ereigneten. Hier standen wir nun also unvermittelt und sprachlos im Ostblock herum. Da war ja gleich alles ganz anders! Da blickte man blöd aus der Wäsche!
Deshalb wohl wurden wir hier ›übernommen‹. Das heißt, Schübner, unser Karl-Heinz Hochkant, wurde ins gemeine Glied degradiert und durch einen gestandenen, hiesigen Gruppenführer und Altpionier der Freien Deutschen Jugend und

wie auch immer verdienten Bürger der Deutschen Demokratischen Republik ersetzt. Dieser nicht mehr ganz junge blau gekleidete Jugendliche, man mochte ihn auf vierzig schätzen, stellte sich als »Jugendfreund und Genosse Günter Schinske« vor und sah auf infame Weise, so recht heruntergetrunken und verlebt, dem letzten Staatsratsvorsitzenden der DDR, Egon Krenz, und seinen von Schnapsmißbrauch umflorten Augenringen ähnlich, weswegen wir Jungtrinker in ihm sofort begeistert den Altrinker erkannten und wir Lebemännchen den Lebemann!

Genosse Günter Schinske zwinkerte und kniesterte denn auch schon doppelbödig, eine schlimme Andeutung nach der anderen verheißend, in seine an sich seriöse Begrüßungsansprache und ließ uns sicher sein: Das hier würde heiter und unkompliziert werden, und er würde schon noch allzeit bereit sein, ein Fläschchen mit uns zu leeren und die Fahne voranzutragen! Offensichtlich war dies ein Mann, der fließend russisch soff!

Mithin fraternisierte man schnell, mobbte den armen Schübner nun noch nachdrücklicher in die untere Gruppenrangfolge hinab und beobachtete auch schon aus scharfen Augenwinkeln, wie sich seine zwo hübschen Parteigängerinnen – wie sie hießen, weiß ich heute nicht mehr, also sagen wir mal ruhig Sabine und Gabi –, wie also Sabine und Gabi wohl hinfort sich verhalten oder zu wem vielleicht sogar hinüberschwenken würden? Das neue Alphamännchen Schinske jedenfalls hatte beide bereits während seiner Begrüßungsrede, was ihn übrigens als rhetorische Kapazität auswies, fix taxiert.

Wir aber auch! Denn ewig währten diese Reisen nicht! Da schwebte ein erotisches ›quousque tandem‹ der Ungeduld über dem Ganzen. Zwei Drittel mußten mit einem auskommen! Da hatte das eine Drittel die freiere Auswahl. Unser maoistisches Maskottchen Monika beispielsweise hatte derweil immer längst schon triebhaft entschlossen einen halben von

drei Reisetagen Vorsprung herausgebuhlt und in den Gängen des schlickigen Transitbahnhofs Friedrichstraße immer bereits schon mindestens eine fleischliche Berührung oder eine irgendwie geartete Zungenkußgeschichte oder sonst was gehabt – und zwar von verschiedenen Beschälern! Das ging da auf dem Westbahnsteig gewöhnlich schon los mit der Balz im Revier um meinen Kasten ›Radeberger‹ herum.
Diese Dinge gingen damals erschreckend schnell! Das war Schülerbewegung! Eine ungezwungene Zielstrebigkeit, eine ungemein hurtige, allgemeine Beischlaferschleichung und dann auch diese drastisch beanspruchte Meinungs- und Handlungsfreiheit in allen Belangen! ›Do what you wilt!‹ Im Grunde räumten wir linken Jugendlichen damit damals schon, als nichtsahnende Vorgängerschaft, die noch übriggebliebenen Sittlichkeiten für den dumpfen Nihilismus heutiger Jugend beiseite. Aber man ist in diesem Alter natürlich scharf wie Puma und greift im Dienste dieser Lüsternheit nach jedem Argumentationsstrang, der Erfüllung verheißt. Daß so was nach hinten losgehen kann, ahnte doch keiner. Was ahnten wir von den kniffligen Paradoxa der Freiheit? Alte Damen in Hutgeschäften hätten wir jedenfalls nicht überfallen. Banken, ja! Das war Ehrensache und ein Rest an Ethik. Mit der Meinungsfreiheit und Wahrheit war es zu dieser Zeit allerdings, und selbst bei den Trotzkisten, bereits sehr stalinistisch geregelt. Sogar der Anarchismus hat eben auch den Systemfehler, daß er die mit Ideen aufgelösten Gesittungen durch neue, mit Revolvern durchgesetzte ersetzen muß, weil es eben ohne Sittlichkeit und Regeln nicht geht. Fast alle, die wir wie Bakunins Eidam persönlich ausschauten, verwandelten sich langsam ab 1970 in verstopfte Parteiköppe, die heimlich hin und wieder in die Tanzdielen schlichen, weil man mit siebzehn eben auch den ehernen Kräften des Samenstranges folgen mußte. Somit spukte der Promillewahn von Vielweiberei und sexueller Befreiung weiterhin ungebremst und subversiv durch

unsere Hirne und Drüsen, und das war ganz gut so, denn hier war eine der Bruchstellen zu verorten, die den ML-Sekten die Existenz dann doch nicht so leicht machen sollten.
Wir wurden nun, nach der Begrüßungsrede, von Gruppenleiter Schinske ums Eck auf einen Reisebus namens ›Ikarus‹ geführt, in dem sich bereits eine typische Busfahrerstatur und Onkel-Otto-Type namens »Heinz Temmel, Temmel könnt ihr weglassen!« aufhielt, von dem es gar nichts zu berichten gibt, außer daß er die ganze Reise über merkwürdig nüchtern blieb und dann aber doch noch auffällig wurde. Davon später!
Hier nun, just vorm Omnibus auf einmal, schmiß der neue Reisegruppenführer Schinske seine Faust in die Luft, kehrte so eine Gustav-›Täve‹-Schur-Type raus und brüllte wie von Sinnen: »Halt!« – Wir hielten. – »Alle mal herhören!« – Wir hörten alle mal hin: Daß nämlich nunmehr 1) eine Austeilung der Stullenpakete durch den Busfahrer und Genossen Heinz erfolgen würde und im Anschluß daran für alle 2) eine halbe Stunde zur freien Verfügung eingeplant sei, während der man, im näheren Umkreis um den Bus herum, die »Hauptstadt« näher kennenlernen sollte, und daß man 3) pünktlich zurück zu sein habe, weil man sonst 4) gleich wieder »nach drüben« rausflöge. Da gäbe es, 5) gar nichts! Nämlich zu diskutieren. Nach einer Kunstpause sagte er noch: »Basta!«
Nanu? War er nun doch so ein Fünf-Punkte-Arsch und Allemal-Durchzähler? Nein, wir fanden schnell heraus, daß Günter Schinske einen recht abgefeimten Doppelcharakter gab und daß er den Widerspruch von leninistischer Staatsraison und naturwüchsiger Saumseligkeit in der Balance eines alkoholischen Dauerpegels aufhob, wobei er äußerlich und offiziell barsch tat und feierabends regelmäßig zur Stimmungskanone transformierte, die jedem Menschen nur gut sein konnte. Das mußte man nur wissen. Aber das wußte man irgendwie schon! Also zogen wir auf Schinskes Befehl mit unseren Stullenbeuteln und fünf Ostmark über eine halbe Stunde frei ver-

fügend zurück ums Eck und stürmten, wie berichtet, durch die umliegenden Getränkehallen der Hauptstadt und erledigten die Schnapskäufe und das Bockwurstessen. Hier gab es an der Friedrichstraße die zwei bereits erwähnten Möglichkeiten: den Wurststand an der Nordseite des Bahnhofs, wo auch Taxis standen, oder die Stehbierhalle auf Selbstbedienungsbasis unter der Brücke vis-à-vis, die es heute noch gibt, aber anders.
Nämlich schlechter! Klar, das war damals besser! Für uns jedenfalls. Schon atmosphärisch, der Osten für den Westen. Der Ostmensch, nehme ich mal an, fand es damals furchtbar. Heute findet er, daß er es damals toll fand. Von heute aus betrachtet, ist es wieder poetisch. Uns ging es sozusagen umgekehrt. Wir komischen linken Schüler fanden es natürlich toll damals und glauben heute, daß wir es damals schon bedenklich fanden. Es war ja für uns, nicht ganz, aber ein bißchen wenigstens, der himmelreiche Sozialismus auf Erden! Das war alles nur noch zu korrigieren und zu vollenden. Und dann war für uns LSD-Köppe auch alles so schön anders! Man vergißt heute, daß wir neben diesen enger werdenden ›Mao-Tse-tung-Ideen‹ auch noch sehr ästhetische Weltsichten von achtundsechzig bewahrt hatten und auch aus der westlichen Warenwelt kamen, wo man einen Blick für die Oberflächen entwickelt hatte, der mehr, und zuungunsten der ›Tiefe‹, mit Nietzsche und den Pejotlpilzen als mit Marx oder Hegel zu tun hatte. Wobei ich mir mit Hegel wieder unsicher bin: »Nur das Innerliche ist das nur Äußerliche.« – Wer sich einen solchen oberflächlich famosen und dadurch tief bedeutenden Satz ausdenkt, braucht nicht auf die Füße gestellt zu werden; der steht besser Kopf!
Das war ja doch auch völliger Wahnsinn! Eine halbe Stunde rein in diesen gespaltenen Bahnhof – klopf klopf, die Mostrichpforte! – und plötzlich eine andere Welt! Noch mehr anders als Frankreich, Spanien, sonst was! Keine ›Volkswagen‹,

kein ›Persil‹, keine ›Langnese‹-Fahnen. Der ganze Spuk war fort. Und dann dieser Entlastungseffekt der Urlaubsheiterkeit von der Alltagslage! Das kam auch noch dazu. Die privilegierte Reisegruppe in Sonntagslaune. Hier rauschte ja des Westens Jammers trüber Sturm nicht mehr!
Mit fünf Ostmark betrat man diesen HO-Imbiß Friedrichstraße wie eine Sakralstätte. Man betrat reiselustig und ganz frei von sich selbst in der bloßen Betrachtung der Dinge, diesen länglich-fahlen, mit spülwäßrigen Dampfwurstdispersionen gut durchnebelten Imbißraum und fühlte sich großartig und staunte; denn wir suchten ja eine Welt auf, in der wir noch nicht gelebt und gelitten hatten, die nicht an uns gezehrt, unsere Alltagslaune strapaziert und verbraucht hatte; wir befanden uns auf einer Expedition in den Orient, den wir aus der verzauberten Kamelperspektive des Gruppenreisenden betrachten. Allerdings in Lévi-Strauss'sche (»The pants or the parents?«) Beinkleider gehüllt und angetan mit Intershop-Plastiktüten, durch die der ›Glenfiddich‹ und die ›HB‹s irisierten; und so waren wir für die einheimische Bevölkerung schon auf Kilometerentfernung als in Reisefreiheit verklärt umherknipsende Westraucher erkennbar, weswegen wir uns auffällig anpaßten und uns hier, im Stehbier-HO, zwecks Stärkung, Eindrucksgewinnung und Ansuff, wie alle anderen auch, jene aber eben täglich, um Bier und Bockwurst mit hinein in ihr Jammertal und hinten an eine beachtliche Warteschlange anstellten.
So sann man dann poetisch verklärt über eine allumher seltsame Pigmentarmut hin. Das war das Beeindruckendste, die Farben oder besser, das Fehlen gewisser Farben. Die Tische hatten beinahe die gleiche mostrich-beige Einfärbung, wie die um uns herum verzehrten Bockwürste, welche ihrerseits blaß-gräulich und fleischfarben die sie verzehrenden Bockwurstesser kränklich-mimetisch nachstellten, wobei die Bockwurstesser, von gleich fader Färbung wie der mostrich-eiserne

Vorhang vorhin, sich senf-fahl wiederum den hiesigen blassen Tischen ähnlich machten. Selbst der Senf selbst seimte senffarben in seinen grindigen Senftöpfchen! Ein geschlossener Farbkreis, ein Rudolf-Steinerscher Goethefarbkreis in Mostrich, der mich gelind umfing. Dabei empfand man einen gewissen Schauer, einen sonst an Grelles gewöhnten und nun in Pigmentarmut schwelgenden Gemüts- und Farbtremor. Ausgerechnet in einem Wurstimbiß!

Dagegen setzten wir in Horden einfallenden Westmenschen uns jetzt bunt ab, aber mit unseren frohen Plastiktüten auch schon wieder auf groteske Weise konterbunt und blödfroh. Wie Kakadus. Man wirkte hier noch jecker! Die zwei schönen Schübnerdamen Sabine und Gabi hatten wieder ihre popbunten Trendsachen an und standen nun staunend in Hot pants in den Brüllfarben der damaligen Saison zwischen all den gräulichen Wurstessern und wurden ebenfalls bestaunt! Wir waren schockbunte, angesoffene Kakadus, die, ins graue Kollektiv gesenkt, pigmentarme Bockwürste fraßen. Wobei die zwei Paar rosigen, aus hochbunten Plateauschuhen in knallrote und giftgrüne Hot pants emporragenden Beine der zwei Schübnerschen Heuler Gabi und Sabine hier natürlich den allerglühendsten Farbaufruhr bewirkten, so daß Bunt und Grau nun jauchzend kopulierten. Der Bierhimmel hing voller Bockwürste! Oder Beine! Oder der Beinhimmel voller Bierwürste. Je nach Staatszugehörigkeit und Interessenlage.

Ost und West waren sich ja damals, als man sich noch nicht recht kannte, sowieso freundlicher gesonnen, und man genoß die gegenseitige Differenz mit Zuneigung. Da war noch Liebe unter den ost- und westdeutschen Menschen! Alle Imbißblicke saugten sich also sofort auf den vier farbfroh gesäumten Fleischsäulen und Intershop-Plastiktüten fest, und innerlich hatte man schon vorgreifende, mithin trügerische Gefühle der Wiedervereinigung in ihrer neunundachtziger Ausführung.

Das Verbotene daran war natürlich auch sehr erotisch. Als ein

79

unverhofft grimmig-graugrüner Schutzmann die Stehbierhalle betrat, goß man unverzüglich Bier auf die Wogen, und die noch eben leuchtenden Blicke setzten sich entkräftet zurück auf eine über die Abwaschdurchreiche genagelte Honecker-Abbildung und Betriebsbestenliste. Während solch verzagter Andacht nach Einbruch des Realen leerten alle ihre Leidenskelche freudlos bis auf die senffarbene Hefe. Dann endlich ging ein Seufzen durch die Stehbierhalle, und Ruhe war. Refraktär fraß man weiter. Im wesentlichen Bockwurst.

Es war eben doch ziemlich Scheiße alles damals; man sage, was man will! Eine für uns ungeheuerliche Anzahl Uniformierter war ständig unters Volk gepanscht, und die paar verbliebenen Zivilisten spukten ziemlich grämlich und verschreckt über die viel zu breiten Straßen und zu groß gearteten Plätze der ›Hauptstadt‹. Getrennt von der Welt durch einen zwölfspurigen Hans-Beimer-Prospekt, stand man als Ameise verloren zwischen einem von heroischen Mosaiken umgürteten ›Haus des Lehrers‹ und sonstigen Bauwundern herum und traute sich nichts.

Die Stimmung war schlecht! Inzwischen haben wir das hier jetzt auch, aber damals in Westberlin, da war die Stimmung insgesamt schon mal heiterer und auch insgesamt entmilitarisierter! Das schwöre ich! Nach diesen ersten Pigmentimpressionen sah man dann auch schon solche unangenehmen Sachen. Als gerechte Rächer der Menschheit hatten wir da nämlich einen an unseren auch nicht gerade frohlockenden Volksmassen geschulten Blick für so Alltagsschikanen und geduckte Gemütslagen.

Alsbald also wunderte man sich über die Haltung der beigefarbenen Bockwurstesser, die alle nämlich, beim Wurstabbeißen in der Hüfte weit vornübergebeugt, ihre Oberbekleidung mit der Linken fest an sich drückten und dann so vorgebeugt ganz vorsichtig in die lederhäutigen Würste bissen, damit die aufplatzende Wursthülle das explosionsartig frei

werdene Wurstwasser (Aqua botulus) nicht unvermittelt auf Hemd oder Nebenhemden schleuderte. Ein merkwürdiges Bückbild: Alles stand so komisch vornübergebeugt! Allumher so klagemäuerliche Verneigungen und asiatisches Begrüßen. Nur beim Biertrinken reckte man sich gewaltig, ging kurz auf einen Schluck in eine aufrechte Haltung über und duckte sich dann wieder zurück in diese Bockwurstbücke.
Also man wollte nun selbst auch kein Wurstwasser aufs West-Shirt und tat es den Einheimischen weise nach und verstand jetzt auch gleich einiges von der ganz anderen Haltung im Osten und überhaupt vom Produzieren von Haltung. Das ist dann, phänomenologisch, wieder gar nichts Tiefsinniges, wenn man einem a priori aufrechten Menschen mit Bockwürsten in ledriger Pelle im Laufe der Jahre eine gebückte als auch ständig furchtsam Umschau haltende Haltung unter Androhung von Wurstwasser annötigt und er letztlich nur noch beim Trunke im aufrechten Gang steht. So bedingen Wurst und Trunk und Macht einander!
Allerdings muß ich sagen, daß diese volkseigenen Harthäuter, Pelle hin, Pelle her, ausgezeichnet schmeckten! Das war kein so Böcklunder Zauber und Wasserwerk im Saitling; im Vergleich dazu waren die Bockwürste der DDR trotz ihrer Hautmängel charakterstärker! Und als herabgemendelte Kreuzung haben wir jetzt, nach der Wiedervereinigung, also die ›Deutschländerwürstchen‹ und dazu eine Hymne: »Ja, das sind Deutschländerwürstchen! Deutsch-lääänderwürstchen!!« Wozu weiter nichts zu sagen ist!
Dann war die halbe Stunde Freizeit auch um, und man strebte brav zum Treffpunkt Reisebus. Wie es bei Reisebusreisen im Reisebus selbst zugeht, darüber braucht man nichts weiter zu sagen. Man weiß hinterher meist auch nicht mehr, was los war. Es ist wie bei Weinfahrten an die Ahr, wo gilt: »Wer an der Ahr war und weiß, daß er da war, der war nicht an der Ahr!« Ob es wirklich so ist, weiß ich nicht; ich war nie da,

an der Ahr, oder kann mich einfach nicht mehr entsinnen, weswegen ich dann wohl doch dagewesen sein muß, an der Ahr!
Wo immer und in welchen Teil des Landes nun die Exkursionen in die DDR uns hinführten, irgendwie ging es immer erst über den Spreewald. Er war die obligatorische touristische Zentralattraktion, während die sonstigen Besuchsorte mehr nach politischen Gesichtspunkten ausgewählt wurden und ständig wechselten, damit allein durch ihre Fülle schon eine gewisse propagandistische Beweiskraft auf uns niedersprenkeln mußte.
Busfahrer Heinz chauffierte also den ganzen von Reisehumor erquickten Irrsinn unauffällig in den Spreewald. Dabei zeigte er bisweilen sogar Anflüge von Ausgelassenheit, fing vorne, wo auch die zwei Schübnerfreundinnen saßen, so Faxen an, lenkte kurz mal freihändig mit den Füßen, und als die Frauen darüber zu kreischen anfingen, lenkte er den ganzen Bus über eine gewisse Strecke sogar mit dem Mund! Dann grölten sie vorne plötzlich das durch Ernst Busch bekanntgewordene Lied »Ja, die Komsomolzen, das sind die richtigen Kerle. Knorke! Knorke! Knorke, alle Mann!« Es war irgendwie wohl klar, daß inzwischen auch Onkel Heinz Brennstoff zu sich genommen hatte. Ich vermute, alle Kraftfahrer der DDR hatten das damals: die stinkenden Laster, der Karpatenschreck und die Russenpanzer; sie alle holperten angesoffen über die Wegenetze der DDR, sonst hätte man sich einiges an Merkwürdigkeiten im Straßenverkehr gar nicht erklären können.
Singende Mund- und Fußfahrer waren uns bis dahin allerdings vorenthalten worden, und nur später mal, in der Oberpfalz, hatte sich mir eine schon reichlich angebratene, ältere, männliche Lokalgröße in einer in Hochstimmung befindlichen Gaststätte als »hauptamtlicher Mund- und Fußtrinker« vorgestellt, was allerdings nur zur Hälfte ernstgemeint war, während wir das mit Gesang begleitete Mund- und Fußchauffieren ja gerade

miterlebt hatten! Die Frauen vorne quietschten denn auch gebührlich und heizten den Quatsch damit bedenklich an. Als Onkel Heinz nun auch öfters mal grundlos hupte, um den hysterischen Schmarren und das Weiberkreischen seinerseits zu schüren, wetzte Schinske auf einmal wütend nach vorne und brüllte alle dort zur Raison. »Spinnst du, Heinz?! Hast du 'n Nagel im Kopp?« Sofort war Ruhe!
Auf diesen Fahrten passierten die unglaublichsten Dinge, aber das Gehupe ging jetzt zu weit, das war öffentlich, das ging nicht. Das hatten wir langsam begriffen: Draußen herrschte öffentliche Ordnung, drinnen beeindruckte frei improvisierte Halbindividualität. Das ging. Da durfte es sogar ausschweifend werden. Und so etwa funktionierte wohl die ganze DDR. »Soll ick Bericht machen?« Schinske stürmte also nach vorne, um den verrückt gewordenen Dickmann kurz in Angst zu versetzen, damit er die Partien dieser volkseigenen Doppelrolle wieder sauber trennte. Auch besoffen ging es darum, nach außen die Contenance zu wahren. (Eine hohe Schule! Einige der mir bekannten, im Osten erzogenen Trinker sind auf beeindruckende Weise beherrscht; eine Tugend, die nach 1989 sehr wohl Schaden genommen hat, weil manch einer von ihnen sie, unklug, für obsolet hielt. Als schlecht und permissiv erzogener Westtrinker weiß man die rettende Kraft einer solchen Disziplin zu schätzen. Es ist letztlich viel zu anstrengend, sich gehenzulassen.) »Also willste wieder Scheiße fahren, Heinz?« Nein, das wollte er nicht. Er gab sich einen Ruck und war im Hand- und Fußumdrehen wieder der alte, unauffällige Busfahrer Heinz! Es ging aber auch noch wieder um was anderes: Spitzmolch Schinske wollte natürlich auch an den Bällen von Gabi und Sabine bleiben; das merkte man doch! Deshalb mußte er die Laune im vorderen Busteil zweifach systembedingt dämpfen. Da gab es nämlich auch noch ständig diese zweite aufgeteilte und aufgegeilte Doppelbödigkeit in allen Handlungsmotiven.

Die sonst für Frivolitäten zuständige letzte Reihe war während der vorderen Ereignisse seltsam ruhig geblieben und trieb andere Doppelsachen, und es gab übrigens, wie immer bei solchen Fahrten, hinten auch drei männliche Wesen, die quasi von Anfang bis Reiseende ununterbrochen Skat spielten, von denen auch keiner wußte, wie sie heißen, und die ihrerseits immer gar nicht wußten, wo wir sind und wer wir sind. Man kannte sich quasi gar nicht! Damit ihre Buszugehörigkeit nicht abhanden kam, stiegen sie im Spreewald lieber erst gar nicht mit aus, sondern gewannen immer Heinz Temmel als vierten Mann zu einem Match um Ostgeld. Uns war's recht, denn durch ihre Abwesenheit entschärften sie ungewollt unseren geschlechtlichen Drittelmix mehr in Richtung Hälfte-Hälfte. Der Rest der Busfahrt blieb jedoch dunkel; das war das Ahr-Syndrom!

Im Spreewald trug sich dann immer das gleiche zu. Wir wechselten gelaunt vom Bus auf einen länglichen Kahn, paßten auch komplett drauf, saßen ähnlich wie im Omnibus auf Doppelbänken hintereinander in Fahrtrichtung und wurden von einem hinten postierten Mann durch die berühmten Kanäle gestochert. Während regelmäßiger Anfälle kollektiven Übermuts wurde dieser Mann durch koordiniertes Hin- und Herschunkeln so lange verrückt gemacht, bis der jederzeit optimal voraussorgende Reiseleiter Schinske im rechten Augenblick wieder ein Piratenkommando brüllte, das uns vor seinem politischen wie auch unserem seefahrerischen Untergang bewahrte.

Wir hatten wohl schon allerhand Sonderrechte damals, das wird alles bis vom ZK genehmigt gewesen sein, aber zu weit durften wir nun auch nicht gehen. Denn die DDR war im Grunde ein Land, wo, was nicht ausdrücklich erlaubt, entschieden verboten war. Überall die innere und äußere Stimme, das ewige Gebot: So gehört es sich, so und so erlauben es die Gesetze, der Kaiser, die Partei und das Schamgefühl! Der Rest ist sowieso verboten. Das machte das Leben einerseits

leicht, weil alles geregelt war, und andererseits wurde es einem ziemlich schwergemacht, wenn man es mit den Erlaubnissen privat zu überzogen ausdeutete. Dies galt natürlich für Staatsbürger der DDR viel mehr noch als für uns vorübergehend geduldete Deppen, die einen guten Eindruck vom Lande mit nach Hause nehmen sollten und so ein wenig spinnen durften.

Die Flußfahrt wurde immer dann besonders delikat, wenn es zu regnen anfing, und das fing es meistens. Dann nämlich zog der Fährmann hinten so eine zweieinhalb Meter breite und neun Meter lange Plastikplane aus einem Staukasten, welche dann belustigt nach vorne über die Reihen hinweg weitergereicht wurde. So hockten wir also, wiederum seicht schunkelnd, unter der von innen beschlagenen und außen besprühten Folie und glitten psychedelisch besoffen über die Grachten und vermochten bei erhabenster Gemütsheiterkeit vergleichsweise unmaterialistische Wahrnehmungen zu empfangen.

Gesetzt den Fall, Lenin hätte dabeisein können, so wäre ihm die Empfindungswelt Ernst Machs auf solch einer verregneten Spreewaldfahrt ganz sicher, oder doch einmal wenigstens, plausibel erschienen, und er hätte eher mal fünfe gerade sein lassen und besser wissen können, was zu tun ist! Nämlich am besten gar nichts! Sein ›Schto delat‹ wäre anders ausgefallen, epikuräischer vielleicht. Und da wäre uns und allen allerhand erspart geblieben!

Während solch idealistischer Schunkeleien passierte es dann doch: Der Kahn kippte, ohne allerdings zu kentern, seitlich stark über und vier, alle backbord hintereinander gesessene Passagiere, darunter Schinske und Schübner, fielen vom Boot, welches, um solche seitlichen Verluste erleichtert, in eine stabile Lage zurückschwappte und sich beruhigte. Still glitten wir weiter. Dann erst erfolgte der Aufschrei: »Vier Mann über Bord!« – Wo?! – Man sah keinen. Wir hockten erschrocken unter der verrutschten Regenpelle, hinten bremste der Mann an der Stange die Fahrt und hielt Ausschau nach hinten. Nichts! Stille Wasser, rings umher.

Doch dann – »Wenn ich dies Wunder fassen will, so steht mein Geist vor Ehrfurcht still!« – stand, wie im Evangelium des Markus bezeugt, backbord Schinske, naß zwar, doch heil, und zwar: auf dem Wasser!

Und lief an uns vorüber! Daß man ihn erst wie in Markus 6,49 für ein Gespenst hielt. Wir guckten alle blöd: War der Mann so voll des Sprits, so schnapsbedingt leichtgewichtig, daß ihn bereits das Wasser trug? Schinske kneipte grinsend auf uns zu und sprach die Worte: »Seid getrost. Ich bin's.« Und dann bestieg er den Kahn, als sei nichts gewesen!

Da staunst du! Aber das Wunder war auch gleich entzaubert, denn das Wasser in diesen Kanälen war allenfalls zwanzig Zentimeter tief! Diese Stocherkähne liegen flach und breit gebaut im niedrigen Wasser. Zwei andere Schiffbrüchige wateten nun auch herbei und waren auch längst wieder zugestiegen, als wir endlich auch Schübner heckwärts brüllen hörten. Der Fährmann legte den Kahn längs, und nun wäre das Boot beinahe endgültig gekentert, denn alles warf sich nach back-

bord, um der Sterbeszene des Schübner besser folgen und sie fotografisch festhalten zu können. Der arme Schübner lag, wohl auch etwas stärker angesoffen noch als die drei anderen Schiffbrüchigen, wild um sich paddelnd im flachen Wasser und schrie um Hilfe; bis auch er es merkte und aufstand. Die Bügelfalte war hin. Schinske war naß, und sauer! Und gab dem Mann an der Stange das Kommando: »Hafen!«
Jetzt war wieder so ein Punkt erreicht, wo es Ärger geben konnte. Wir wurden sehr eilig zu diesem Verladehafen zurückgestakt und ausgeladen. Der Fährmann wollte mit uns nichts mehr zu tun haben; er hatte Fahrerlaubnisse, Stakscheine und Antragsgenehmigungen zu verlieren, und wir Arschlöcher machten ihm hier die Pfründen wackelig. Also alle raus!
Nun standen wir tropfend in der Lübbenauer Hafenlandschaft rum. Wat nu? Schinske gab einen Sammelappell raus, und dann trabten wir wieder hurtig hinter ihm her, denn die hermetische Reiseplanung hatte hier längst schon wieder die Fensterplätze eines ›Lübbenauer Terassenrestaurants‹ für ein neuerliches Fresserchen vorbestellt, und man konnte jetzt dort trocknen und von Land aus kauend weiterhin Schiffbrüche betrachten.
Süß ist's, anderer Not bei tobendem Kampfe der Winde auf hochwogigem Meer vom fernen Ufer zu schauen; nicht, als könnte man sich am Unfall anderer ergötzen, sondern dieweil man es sieht, von welcher Bedrängnis man frei ist. So saßen wir mit Blick aufs Kanaltreiben und versenkten Schollen mit Kartoffelsalat.
Man ist, was man ißt. In diesem Falle war es, passend, Scholle mit Kartoffelsalat. Wo Essen war, soll Ich werden. Vielleicht gaben sie uns deshalb so reichlich zu essen. Die Einverleibung der sozialistischen Lebenswirklichkeit, hier in Form von Bratfisch mit Kartoffelsalat und ›Cottbusser Pilsener‹, sollte wohl, in Abwandlung des den Leib Christi nehmenden Hostien-Effekts, ein Leibhaftigwerden der DDR in uns bewirken. So

wie schon die Bockwurst für den gewöhnlichen Bürger der DDR ein kapitaler Bückling gewesen war! Jetzt für uns aber mit »Budda bei die Fiche«. »Das Sein bestimmt das Bewußtsein« war im Grunde eine gemäßigte Variante dieses Kannibalengedankens, denn das Bewußtsein ist ja das Organ zur nichtverschlingenden Einverleibung. Mit »Angst essen Schnitzel auf!« war übrigens auch der Westen seiner spezifisch bulimischen Herrschaftstechniken überführt. Und einem Bericht der Deutschen Bibelgesellschaft zufolge hatten einmal im Pazifik schiffbrüchig treibende Seeleute wochenlang überlebt, weil sie die Bibel lasen und in Seenot die bereits studierten Passagen (samt Äsezeichen) seitenweise auffraßen!

Ob schon mal jemand ›Was tun?‹ vor Hunger fraß? Jemand, der, vom Titel angeregt, sich seinerseits fragte, was er tun soll und sich entschloß, es nicht zu lesen, sondern aufzufressen? Wie schmecken wohl der leicht (oder schwer?) verdauliche ›Kurze Lehrgang der Geschichte der KPdSU (B)‹? Oder die elf Gänge der Feuerbachthesen? Fraß je ein hungriger Kellner ein Kochbuch? Ein durstiger Koch einen Kellner? Es ist vorstellbar. Also auch machbar.

Sauer macht lustig! Denn nun ging es hinein nach Lübbenau, in die ›Saure-Gurken-Stadt‹! Wo ein ungeheures Hin- und Herwogen von hunderterlei Bus- und Kahnladungen vonstatten ging und unser Zug einer unter vielen war, alle auf der Pirsch nach Restauration und Gurkengläsern zum Mitbringen. Um Lübbenau herum wachsen Gurken, die üppige Gurkenernte wird zum größten Teil eingemacht, und zwar ›sauer milchvergoren‹. Somit ist Lübbenau aus zwei Gründen beliebtes Ausflugsziel: erstens dieser kollektiven Kahnfahrten wegen und dann wegen dieser Gurken. Die Menschen aus den fünf neuen Bundesländern fuhren also ehedem in den Spreewald nach Lübbenau, um zunächst einmal eine Kahnfahrt zu unternehmen, sich dabei fotografieren zu lassen und um anschließend saure Gurken zu essen, welches immer genügend

Anlaß gab, sie gesellig hinunterzuspülen. Und das ist auch heute noch so!
Seltsamerweise ist die ›Sauregurkenzeit‹ eine leere Zeit. Vielleicht kommt das daher, daß es früher noch nichts Tiefgekühltes gab und keine Büchsen, sondern nur diese sauren Dauerkonserven als Gurken. Wenn nichts mehr vorrätig war, mußte man saure Gurken fassen, weil es nichts anderes gab. Und das war dann so langweilig, daß man schnell von einer ›Sauregurkenzeit‹ sprach. Leuchtet das ein?
Nein. Ich bin ja sehr für plausiblen Quatsch, aber das ist jetzt nicht sehr plausibel. Aber was ist plausibel? – »Sind Sie plausibel?« – »Wer? Ich?« – »Nein, Sie!« Andererseits ist alles plausibel, einfach weil es da ist. Sonst wäre es doch nicht da! Also ist alles plausibel. Nichts kann ja nicht sein. Also ist nichts mit Nichts. Die Frage ist, ob das nun auch für Behauptungen gilt. Die Grundplausibilität aller Tatsachen und Behauptungen scheint mir jedoch über die allgemeine Sinnlosigkeit des Lebens gesichert. Und diese Sinnlosigkeit ist für mich der umgestülpte Sinn des Lebens, und deshalb ist nicht nur das mit den sauren Gurken, sondern auch alles sonst hier plausibel!
Jeder zweite Arbeitsplatz hängt in der Region an der Gurke. Gurkenbuden gibt's dort wie bei uns Wurstbuden, und jeder Lübbenautourist hat ein Gurkenglas unterm Arm, gerade so, wie zum Beispiel in Paris der Pariser nie ohne sein Baguetteglas unterm Arm anzutreffen sein wird. Haha!
Die Gurke ist aber genauso wie die Kahnfahrt ein Vorwand. Es dominierte in Lübbenau die Reisegruppe als Buseinheit. Das ganze Lübbenauer Geschehen funktionierte wie eine umherziehende, busorientierte Kleinstaaterei. Kaum war man, selbst Reisegruppe in Busstärke, an einer Betriebsgruppe in Busstärke vorbeigeschwankt, da torkelte schon eine polnische Reisebusgruppe ums Eck auf eine Gurkenbude zu. Kaum hatte man eine bulgarische Reisegruppe durchquert, da schwankte

man auch schon frontal als westdeutsche Gruppe auf eine Veteranengruppe aus dem heutigen Mecklenburg-Vorpommern zu. Erstaunlich: Die angesäuselten Schwärme mischten und trennten sich, ohne daß es zu Irrtümern oder Verläufnissen gekommen wäre. Und kaum war hier Bier alle, da stand man schon busfuhrenweise dort nach Flachmännern an.
»Immer e Grüppsche um misch rum!« Ein jeder wackelte bezugsgruppenweise durch die Gegend und hielt sein Gurkenglas fest unterm Arm und versuchte, sich innerhalb seiner Reisegruppe zu halten und sich ein paar Anhaltspunkte einzuprägen, die seinen Reisebus von anderen Reisebussen zu unterscheiden halfen. Das alles klappte vorzüglich und just so, wie Kant es in seiner ›Friedensschrift‹ einmal beschrieben hat: Das Problem der Staatserrichtung sei selbst für ein »Volk von Teufeln« auflösbar, »wenn sie nur Verstand haben«. Und hier war dieser allemal zureichend. Alle erforderlichen sozialen Integrationsaufwendungen konnten aus dem psychologischen Fundus des aufgeklärten Eigeninteresses bestritten werden, welches hier eben darin bestand, daß man bei seiner Gruppe bleiben wollte, die ein bestimmter Omnibustyp sozusagen verkörperte.
Kurze Zeit später, wir lagen vor Madagaskar und hatten, allerdings nun längst wieder im Omnibus, die Pest an Bord, da waren wir plötzlich wieder irgendwo da, wo es hieß: »Wir sind da! Alles aussteigen!« Und das war in der Regel eine größere Kneipe oder Kantine, eine Kombinatskantine oder LPG-Cantina innerhalb eines größeren landwirtschaftlichen Komplexes oder Industriebetriebes. Oder eine polytechnische Schule. Dort war jeweils schon eingedeckt, die kalten Platten gab's wieder, während wieder irgendwer, ein Veteran oder ein Neuerer, ein Betriebsleiter oder Parteibevollmächtigter, eine Begrüßungsansprache hielt, die, mit Absicht, jeweils als Übergang in eine ›Aussprache‹ geplant war.
Gesättigt ließ man sich der Höflichkeit halber auf die idiotischsten Debatten ein. Wenn man zwei oder drei politische

Gruppenabende die Woche absolviert, und das taten wir ja alle so idotisch straff damals in unseren Zirkeln und Kapitalarbeitsgruppen, dann kann man natürlich ausgiebig und zäh um jeden Scheiß diskutieren. Bis tief in die Nacht. Wer da früh um zwei den Vorschlag machte, es mal für heute gut sein zu lassen, der machte sich menschewistischer Verbrechen verdächtig und mußte sich einer langwierigen Selbstkritikkampagne unterziehen!

Wir entwickelten also mit Furor und Ausdauer unsere maoistischen oder trotzkistischen Pol-Pot-Sachen, zankten verbiestert auch untereinander und wären wohl als DDR-Bürger umgehend nach Bautzen in die psychiatrische Abteilung verbracht worden, wenn man überhaupt begriffen hätte, worauf unser Gezeter eigentlich zielte und worauf wir mit finanzpolitischen, pfandleiherischen Behauptungen wie »Hü-Gung versetzt Berge!« letzthin hinauswollten.

Man mußte nun, trotz aller Dissonanz, anerkennen, daß die auf uns angesetzten Lokalzelebritäten der DDR ihre Heimat tapfer verteidigten, es mit der sozialen Sache auch sehr ernst meinten, und daß, in gewissen Hinsichten, sich nun Einheitsfronten zwischen ihnen und uns bildeten, einzig mit dem Ziele, dem Imperialismus und seinen Jauchen furchtbare Schläge zu versetzen. Was ordentlich spritzen mußte! Überdehnte ein Zwist die Versammlung allzusehr, dann wurde alles per Toast wieder einsolidarisiert. Besonders Günter Schinske brach mit großem taktischen Geschick in verirrt-verstiegenes Gezänk, indem er aufsprang, Schnäpse in die Luft riß und »Ein Hoch auf die internationale Solidarität!« zwischen die Kriegsparteien setzte. Dann vertrugen sich alle wieder, und die Vorwürfe konnten von neuem wem anders vorgeworfen werden. Dabei ging es im Prinzip um Kerygma und Dogma einerseits und das Machbare andererseits; ein vorgreifend idiotischer Realo-Fundi-Hader. Die Kluft, die wahrscheinlich immer klafft. Selbst in der CDU!

Jetzt war es auch soweit, daß man allerhand sozialistisches Jungvolk unter uns gemischt hatte, damit es auch im zwischenmenschlichen Erleben eine kleine Völkerfreundschaft geben mochte. Die hatten alle blaue FDJ-Hemden an, was ihnen jetzt wahrscheinlich, zwischen uns bunten Westvögeln, blöd vorkam. Es waren, das hatte man jetzt schon wieder durchtaxiert, sehr ansehnliche Menschen, aber natürlich auch die obligatorischen Streber darunter, die sich aber allesamt, bis auf die Streber, klug aus dieser unsinnigen Debattenzwietracht heraushielten. Weder Zustimmung noch Ablehnung; die geläufige Propaganda fiel wie gewöhnlich stumpf und platt in eisiges Schweigen, was wiederum die hiesigen Agitatoren leidenschaftslos machte. Mit stummer Verwunderung nahm die ostdeutsche Jugend unseren rhetorischen Übereifer zur Kenntnis. Um so strahlender hingegen nahmen sie die länderübergreifenden Trinksprüche zum steten Anlaß, eine frische Portion Freischnaps in sich hineinzuschütten und dabei ihrerseits unsere Gabis, Sabinen, Monikas und Kapielskis zu taxieren oder gar in Betracht zu ziehen. Während wir wiederum schon bemerkten, daß es bei ihnen mit der natürlichen Geschlechtergruppenzusammensetzung günstiger als bei uns bestellt war.

Also klar, in ihrer feisten Art war die Bundesrepublik damals doch das Ekelhafteste, fanden wir, was es weltweit so überhaupt gab, und die DDR vermochte mit ihrem dumpfen Laubenkolonialismus bei aller Anstrengung nur schwerlich etwas Gleichlabbriges dagegenzustellen und mit ähnlich geartetem Blödsinn hinterherzukommen. Wie man heute weiß. Ein gesamtdeutscher Spießermuff in zwei unterschiedlichen Fassungen hatte sich zu historischer Notwendigkeit ausgewachsen. Wobei wir damals der weniger komfortabel ausgestatteten Variante auch noch den Vorzug gaben, aber natürlich im Westen wohnen bleiben wollten! Von heute aus gesehen, klingt das etwas irrsinnig. Ich wohnte bereits 1969, also mit siebzehn, achtzehn, allein in einer Zweizimmerwohnung zu hundertzwanzig Mark Miete und bekam noch Wohngeld und über sechshundert Mark Stipendium für lau; meine Eltern, einfache Leute, Schlosser, Krankenschwester, die hatten so viel sozialdemokratisch umbaute Einkommen und Sonderzulagen, daß sie mir auch noch was zuschoben, und man bekam auch ohne Probleme gelegentliche Arbeit, da war man dann ein halbes Jahr Postbote und ein Vierteljahr Gartenbautrottel, was man wollte, und konnte zwei Jahre reisen davon. Der Halbe kostete zwischen 1,10 und 1,20, währenddessen man am 1. Mai gutgenährt durch die Straßen zog und grundlegende Veränderungen sowie den Kommunismus einklagte und die Ostzone hochleben ließ, ohne natürlich übersiedeln zu wollen. So klar war man nun doch.

Es stellte sich heraus, daß man mit der Ostjugend in den blauen Hemden größtenteils bestens und auch sehr offen auskam. Das mußte aber etwas verborgen und in den gemütlichen Teilen des Nachmittags und Abends geschehen, und die Streber mußten natürlich abgesondert werden. Bis auf Günter Schinske und vermutlich Busfahrer Temmel blieben diese freieren Gespräche und Kontakte der offiziellen Staffage verborgen. Dafür sorgte der auf Untergrund geschulte Parteikader Schinske. Von heute betrachtet komisch; der mußte doch für diese kniffligen Westkontakte besonders ausgesucht gewesen sein und mußte wahrscheinlich auch Protokolle schreiben; aber er war eben ein genial operierender Doppelcharakter, und Heinz Temmel hielt dicht, weil er von unseren Westschnäpsen naschen wollte, abfallende Liederlichkeiten für sich erhoffte und sowieso auf lau zu machen erpicht war. Und überhaupt: Erschlichene Beischläfe sowie ominöse Währungstäusche und Schmuggelsachen, das war ja immer schon so recht nach Busfahrers Art! Unsere im Westleben erforderlichen klandestinen Gebaren waren natürlich auch nicht ohne! Also ging das alles irgendwie gut.

Die amtliche Reiseplanung hatte nach den ganztägigen Besichtigungen, Arbeitsessen und Gesprächsrunden für den frühen Abend immer noch einen gemütlichen Teil vorgesehen, und so war unser gemischtes Jugendkorps zum Tagesausklang noch in die Nähe unserer Herberge, so einem Jugendheim namens ›Otto Nuschke‹, auf eine bunte Abendveranstaltung in eine ambulante Gasthausdiskothek gesteckt worden, wo auch sonst noch einige ostdeutsche Jugend herumtobte.

Da ging es nun erst mal so recht nach Rita Süssmuths Art zu! Es kam unter jungen Leuten zu Gesprächen und beiderseitigem Einverständnis bei Erfrischungsgetränken mit Musik. Hinter den Kulissen und auf den Toiletten allerdings formte sich der Gedankenaustausch schon hin und wieder in Faustkämpfe zwischen dem sozialistischen Gedankengut zu- bzw. abgeneigten Jungbürgern der DDR um. Da wurden dann die Streber verdroschen. Uns Westvolk aber wurde eine gewisse Verehrung zuteil, auch wenn wir noch so linke Spinner waren. Aber unsere Kleidung, unser Gebaren und die uns umwehenden Sehnsüchte nach westlicher Lebensart und Coca-Cola-Düfte heiligten uns irgendwie bei allen.

Dann verzogen sich auch so langsam die Aufpasser und Gruppenleiter, soffen irgendwo in anderen Verliesen des Gebäudes unter sich. Es durfte also schon mal etwas dekadenter zugehen. Die Tänze wurden enger. Es wurde entspannter. Unter die hausgemachten DDR-Schlager wurde damals nach irgendeiner komischen Quotenregelung, auf Grund von Basisdruck, vereinzelt Westmusik gemischt. Das verschob sich nun auch etwas zugunsten der Dekadenz; es kam »On the road again«-Stimmung auf.

Neben ortsüblichen Schütteltänzen nach westlicher Prägung dominierte auf der Tanzfläche eine Art Säbelschieber, der seine Ursprünge im Tschardasch haben mochte und auch als so etwas wie ein eng getanzter Pogo hätte durchgehen können. Insgesamt also sehr ekstatische Zappelnummern, weswegen es auch bei Wendemanövern oder beim Lämmerhupf zu Karambolagen und Ausrutschern kam und diverse Paare über das Ziel hinausschossen und in die Randzonen der Tanzfläche gerieten, wo reges Abklatschen und Auffordern die verklammerten Paarungen mit Wollust tranchierte, wonach frischvertäute Neudoppel dann so geschwind als möglich ins Zentralgetümmel zurückeilten, wo sie »Triumph! Triumph!!« kreischend neue zittrige Paarungsakte vollzogen.

Es war damals das ›Headbanging‹ in Mode; eine Mode, die sich heute noch in der ›Metal‹-Szene hält. Im Osten trieben sie das aber seinerzeit noch gepaart, nicht so autistisch wie im Westen unter den solipsistisch-kapitalistischen Individuen üblich. Die Ostpaare standen breitbeinig voreinander und schüttelten ihre Mähnen wie die Geisteskranken!

Unter der nicht blau gekleideten männlichen Jugend befanden sich einige mit ungeheuren Langhaarfrisuren und wallenden Bärten, sofern der Bartwuchs dies zuließ. Eine kitzelige Nummer! Matte und Mähne waren, wie bei uns, die Attribute des Rebellen. Und der Kampf um die Haartracht tobte damals im Osten weit gnadenloser als bei uns im Westen, wo es auch nicht einfach war. Man vergißt das zu schnell! Ein normaler westdeutscher Bauarbeiter hätte damals einem, derweil von allen Omas innig geliebten Typen wie Thomas Gottschalk mit bestem Gewissen die Eier abgesäbelt und dazu die merkwürdig unsinnige Standardbemerkung von sich gegeben, er, der schwule, langhaarige Affe, möge doch in den Osten gehen: »Wenn's ihm hier nicht paßt!«

So. Nun guckte man sich den Irrsinn so vom Rand her an: Im Tanzflächengezitter sah man sogar den Busfahrer, der wie ein vom Tischtennis begeisterter Medizinball um die Maoistin Monika herumhüpfte, und Sozialarbeiter Schinske twistete zu dem durch Chuby Checker bekanntgewordenen ›Let's twist again‹ von Hank Ballard wie verkittet an unseren zwo Angela-Davis-mäßig schlingernden Gogodamen Gabi und Sabine auf und ab. Man war nun auch endgültig besoffen und kam auf Einfälle!

Ich selbst bin ja immer einer, der erst mal zuguckt und Mut für die Tanzfläche in Willybechern schöpft. Und dann platzt irgendwann der Knoten! Ich riß auf einmal enthemmt und per Abklatsch und Aufforderung irgendein resches Busenwunder ins Hauptfeuer und nach einer Weile Einzelgewackel bildete sich mit ihr und den sich wie toll gebärdenden Gemeindehelferinnen eine mit Mähnenschütteln entbürgerlichte Polonaise, die sich, weil alle so blöd waren und mitmachten, in so eine Art Jubelwurm auswuchs, an den sich immer mehr hinten dranhängten. Das war nichts anderes als dieser heute noch überall und gesamtdeutsch übliche Betriebsfestschwachsinn, meist mit ›Klaus und Klaus‹ von hinten an die Schultern. Und das war ja auch was Kollektives und sprach somit die noch verbliebenen Funktionäre und sonstigen älteren Betriebsfestfeierer an. Es war nicht leicht begreiflich zu machen, aber die Pointe dieses bescheuerten Jubelwurms, den ich da angeleiert hatte, bestand darin, daß immer je ein Bursche einem Mädel folgte und man diesem von hinten an die Tultern faßte, woraus sich die Koppelungen dieser Polonaisenvariante ergaben. Das fanden so weit auch die verbliebenen Funktionäre und älteren Herrschaften gut, das kannten die ja von ihren Betriebsfeiern zu fortgeschrittener Stunde. Die Führung hätte also eine Dame übernehmen müssen. Da ich während dieser ursprünglichen Wurmbildung für Momente irgendwie die Besinnung verloren hatte oder in eine Unklarheit geraten war, befand ich mich aber plötzlich an der Spitze des Jubelwurms.

Eine blöde Situation, denn anstatt, wie ich es eigentlich mir fest vorgenommen hatte, mich hinter dem eben von mir aufgeforderten Busenwunder einzugliedern, hatte ich im Überschwange unwillentlich vor ihr die Führung des Wurmes auf mich genommen. Weiß der Kuckuck, und so trabe ich nun wie der Doofe dem Jubelwurm wedelnd voran und Schinske, die Sau, hing wahrscheinlich sechs Positionen weiter hinten mit beschlagener Brille einer unserer enthemmten Gabis an den Titten, während ich nun in die Röhren der verbliebenen Damen guckte, von denen jetzt aber keine sich vor mir anzukoppeln traute. Und in den Augen aller galt man auch noch als Angeber, der immer erster sein mußte! Klar, wer ist so blöd und geht da vorne hin und übernimmt die Führung? Die wußten als DDR-Bürgerinnen eben längst, daß es sich in der Etappe angenehmer lebte als an exponierter Stelle.

Nun hatte ich nicht umsonst dreizehn Jahre lang ein Abitur ersessen! Kraft meines Amtes als Vortänzer leitete ich mit drei, vier synkopischen Galopps einen verschlagenen Ausfallschritt mit Kehrtwende ein, was alle begriffen und gut fanden, weil es zu neuen Brustberührungen führte, woraufhin der inzwischen bald 20 Meter lange Jubelwurm, nachdem er endlich auch ganz hinten begriffen hatte, worauf das Manöver hinauslief, begeistert Glied für Glied um 180 Grad drehte und ich somit als nunmehr letzter an die spitzen, dem Matterhorn sehr ähnlichen Titten meines Busenwunders zu gelangen glaubte. Damals drehte sich noch alles sehr um den Busen. Er war für den frisch pubertierten Mann der Einstieg in andere verheißene Sündhaftigkeiten, an die man aber einstweilen noch gar nicht so recht zu glauben wagte. Man fing also erst mal außen an.

Alles hatte gedreht, ich war jetzt letzter. Es war schon was komisch, aber schadenfroh und angeheitert trabte ich nun als vorläufige Schwanzspitze dem schieren Blödsinn und meinem Busenwunder hinterher und freute mich auch schon auf die nächste Kehre und die Beulen der Dame, die sich nun entschließen mochte, hinter mir sich anzuschließen. Nur vor mir, mit meinem Busenwunder, stimmte etwas nicht. Es gab gar keinen Busen!

Es war gar nicht das Busenwunder! Es war einer unserer zerstreuten Trotzkisten hinter mir gewesen und hatte geglaubt, es ginge ums volksnahe Mitmachen, hatte sich doof und ohne

etwas von den Regeln des Jubelwurms zu verstehen, leutselig unter die Massen mischen müssen, wobei er als zweiter im Wurme ausgerechnet hinter mich geraten war!
Eine komische Sache. Man sieht da einen Hintern, toll! Und plötzlich: Huch! Is ja ein Mann. Mein Gott, an sich ist es ja so: Warum eigentlich nicht auch mal einen Analverkehr probieren, wenn sich die Gelegenheit ergibt? Man hatte ja schon öfters mit Hochschätzung davon raunen gehört, und es hatte sich bislang eben keine Möglichkeit ergeben. Sollte es nun aber – beim ersten Mal! – ausgerechnet jener arg zerstreute Trotzkist sein? Man verschiebt das Erleben der Abenteuer aus dem Leben eines Manndeckers dann doch lieber wieder aufs nächste Mal. Damals kniff ich dem verwirrten Trotzkisten im Rahmen eines längerfristigen Vorspiels zunächst einmal beherzt in den Arsch, woraufhin dieser entsetzt aus der Reihe tanzte und sich der Polonaisenspuk, wegen solcher Störungen seitens betriebsblinder Trotzkisten, endlich auch wieder in den Paartanz auflöste. So ging das bis in die Mitternacht.
Ein älterer Mensch und Witwer brachte mit der Bemerkung: Langsam getanzt sei auch gut getrauert, noch so etwas wie Telos in den Abend. Dann war Feierabend. 12 Uhr – Alle raus!
Dermaßen angeheizt und heiter rückte man nun wie die Buttlar'sche Rotte unter Absingen verschiedener Hymnen zur Nachtruhe aus und nahm die von Ackersenf und Knoblauchsrauke gesäumten Wege zurück ins Lehrlingswohnheim mit dem hübschen Namen ›Otto Nuschke‹, welcher ein CDU-Obrist der frühen DDR gewesen sein soll. Sie müssen sehr stolz auf diesen Otto Nuschke gewesen sein, denn jede dritte Straße, Schule, Fahne und Laterne hieß in der DDR ›Otto Nuschke‹. Es war deshalb auch ganz schwierig mit den Adressen. Überall doppelt und dreifache Otto-Grotewohl- und Otto-Nuschke-Straßen und alles nur Marx-Engels-Plätze und Florian-Geyer-Kuhställe.

Was nun? Der Haufen war zu allem entschlossen, man wollte unbedingt noch ein ›Hüttenfest‹ feiern. Bereits im Laufe des Tages war überlegt worden, wie man den diensteifrigen Hausmeister des ›Otto-Nuschke-Objekts‹ gegen Abend am besten ausschalten könnte, denn man wollte ja noch dieses ungestörte Hüttenfest mit Etagenbetten und ›Osborne‹ haben. Nun hatte dieser allerorten umherspukende Kundschafter und Schlüsselagent eine stadtbekannte Neigung zum Mokkalikör auf ›Rondo Melange‹-Basis, weswegen wir uns entschlossen, ihm am späten Nachmittag eine mit irgendeinem Laudanum versetzte Flasche Intershop-›Bailys‹ zu überreichen, die ihn zur rechten Zeit beiseite schaffen sollte, wobei es zur Übereinkunft kam, daß Schübner den Likör und wir die Pillen beizusteuern hatten, während Günter Schinske den handgemeinen Teil zu erledigen sich anbot und dem Hausmeister gegen Abend das klebrige Giftzeug einflößte, wobei er selbst geschickt Cognac vorzog. Dies alles war soweit nebenher und diskret erledigt worden. Der Späher hing abends pünktlich halbtot im Ansitz und schnarchte sein Auslugtürchen auf und zu.
Nun war noch ein letztes Hindernis aus dem Weg zu räumen: Die Heimleitung des ›Otto-Nuschke-Objektes‹ hatte in der Gewißheit, daß man sicher hungrig nach Hause kommen würde, noch allerhand Leckereien ihrer Großküche teils kalt, teils warm bereitgehalten. Anstandshalber mußte davon was aufgegessen werden. Das war selbstverständlich!
Es bot sich folgendes Bild: Zur Rechten war ein schon kalt und pellig gewordenes Würzfleisch aufgetragen. Da die Masse aus üppig gemehltem Frikassee bereits ausgehärtet schien, mußten diese Ragout-fin-Geschosse im Gelände des Wohnheims vergraben werden. Dazu wurde eine Abordnung fortgeschickt, der man gleich auch eine nicht unerhebliche Menge ›Hrachová polevká‹, eine Erbssuppenbesonderheit mit Schweineohren aus der ehemaligen ČSSR, in Terrinen mitgab, weil diese Spezialität schon arg gedunsen und verglibbert war. Auf Be-

treiben der zahlreichen Schwaben unter den Trotzkisten wurden auch gleich noch zwei Paar Dutzend mit Hack gefüllte, außen eben auch schon sehr ausgehärtete Teigtaschen in scharfer Form als »unkorrekte Maultaschen« kritisiert und mit abgeführt. So. Einiges Brot wurde als Entenfutter von den Gemeindehelferinnen für den Spreewald in Papiertüten verwahrt, und der Busfahrer fuhr den Rest (wie weiland Wieland) auf Schubkarren für sich, sein Weib und die Sippe hin zu seinen geheimen Omnibusluken.

Wir mußten jetzt endlich zur Sache kommen! Das Ganze drohte auseinanderzufallen, bevor auch nur ein einziger Geschlechtsakt vollzogen war! Eine der Gemeindehelferinnen mußte auch bereits wiederbelebt werden! Und das geschah auch. Ich weiß nicht mehr, wie, erinnere aber, daß man »in Ohnmacht befindlichen Damen durch Lebendigbrennen mit einem Löffel Alkohol in der Subclaviculargegend zu einigen zusätzlichen Exspirationen und endlicher Wiederbelebung verhelfen kann«. Das war mir auch neu. Doch auch so war die betreffende Gemeindehelferin mir nichts, dir nichts wiederhergestellt, und es mochte – so Gott wollte! – nun endlich mal richtig abgehen.

Tatsächlich war es dann so, daß die drei besagten Skatspieler Skat spielten, Gabi und Sabine »lieber« schlafen gingen, und der Rest aber zäh weitersoff, wobei die Frivolitäten zunehmend ins Schlickige wegrutschten. Mit Johlen wurde das Bekenntnis unseres Busfahrers aufgenommen, er habe »Dünnschiß von vorhin«! Dieses unerschrockene Bekenntnis über die Verdauung wurde denn auch gutlaunig und diesmal mit der Verleihung einer Schloßherrschaft in Polen sowie einstweiligem, lang anhaltendem Applaus belohnt.

Dann kroch Schübner aus irgendwelchen Bettetagen hervor, stellte sich mühsam auf, grüßte militärisch und lallte eine operettenreife Unaufrichtigkeit aus der Zeit von vor Chruschtschow in den Schlafsaal, so ein: »Ich bleibe dabei: so wahr ich den Stalin und den er gesandt hat: Walter Ulbricht als mein Licht und Gnadensonne erkenne und beständig angenommen, der mir in seiner glorwürdigsten Mutter und Gespons helfe. Amen.« Applaus für den reuigen Renegaten!

Dann trat Günter Schinske ans Fenster und holte Luft: »Ich fasse eure Sünden zusammen in ein Bündlein und werfe sie hinter euch in die Tiefe des Meeres, also daß ihrer nicht mehr soll gedacht werden, und ich breite meine Hände zum Frieden und Segen über euch aus, und es soll euch nichts scheiden und schaden.« Dann schleuderte er ein Schnapsglas hinterher, schloß das Fenster und sagte auch: »Amen!«

Dann war ich dran. Ich wankte vor eine Kerze hin, donnerte eine Schnapsflasche zwischen mich und sie, bzw. ihr Licht, schloß ein Auge zur Steigerung sowohl meiner Konzentration als auch der Spannung des Publikums und schwieg erst mal rhetorisch gerissen – eigentlich aber wegen eines plötzlich heftiger werdenden Aufstoßens einigen ›Danziger Goldwassers‹ von vorhin –, bis etwa folgende Worte aus mir empordröhnten: »Der Metaphysiker betrachtet einen Doppelkorn als etwas Existierendes, Seiendes, das Existenz besitzt, wenngleich auch eine äußerst begrenzte, aber auch als Ausdruck des göttlichen

Seins, das somit gewissermaßen entfernt das göttliche Sein zeigt. Der Materialist hingegen betrachtet das gleiche Schnäpschen nicht als Widerschein des göttlichen Seins, sondern als ein äthanolisch Seiendes, das in Raum und Zeit existiert, das zufälligen und wesentlichen Veränderungen unterworfen ist, die durch bestimmte innere und äußere Ursachen ausgelöst werden, die durch die eine oder andere Gattung oder Art der Existenz bedingt sind. Zum Wohlsein!« Dann soff ich den Schnaps, sprach »Entschuldige, Herr!«, riß erneut das Schinskefenster auf und warf mein Schnapsglas sowie meinen mit wenig Bier gefüllten Zahnputzbecher hinterher und fügte dann noch, mit den Resten meiner Vernunft und um ein nunmehr folgendes allgemeines Gläserwerfen zu verhindern, die Worte »Ein jeglicher möge sein eigenes Gefäß halten!« aus dem 4. Kapitel des ersten Briefs an die Thessalonicher, Vers 4, hinzu, worauf man zustimmend klatschte, sich aber dennoch nicht verkneifen konnte, etliche Gläschen nachzuschleudern.
Dann wurde gesungen.
Alles steigerte sich noch, als die Maoistin Monika, zu Wollust angefacht von einer Laute und als einzig verbliebene Dame,

den Vers 4, Kapitel 5 aus dem ›Hohenlied‹ auswendig wußte: »Mein Liebster steckte seine Hand durchs Loch, und mein Inneres wallte in mir.« Bzw.: »Jesus ist in das Fleisch gekommen« (1. Johannes 4,2.3). Wodurch eine insgesamt aber eher traurige Schlußstimmung aufkam, weil Monika kurz darauf schwindlig wurde und all unsere Hoffnung in irgendeinen Ausguß des ›Otto-Nuschke-Objekts‹ fahren ließ, wo sie von fern zum Gotterbarmen den hl. Ulrich anrief.

Nach ein paar russischen Trauermärschen verebbte das Gelalle. Wo Du nicht bist, Herr Organist, da schweigen alle Flöten. Irgendwann konnte man einfach nicht mehr, nahm man nur noch Schnalz- und Zischlaute wahr und schnarchte sich langsam über die Vegetationsgrenze hinüber, auf eine endgültige Befreiung der Menschheit vom Joch der Unterdrückung zu. Gute Nacht!

O je! Am nächsten Morgen schlich man wie Schatten in den Speisesaal zum Frühstückfassen. Die Gemeindehelferinnen hatten sich schon gleich entschuldigen lassen und schmorten oben in den Missionarsbottichen der Scham und Schuld. Alles kauerte sehr verstummt um die Teller und Tassen, in die man sein Antlitz versenkte. Gewisse, wohl eilends von der Hauptstadt geschickte, hauptamtliche Gestalten liefen düster im Hintergrund auf und ab und schienen Gewitter zu beschwören wegen allerlei sacrilegii angemaßter Befugnisse unsererseits. Man hatte auch den halbtoten Hausmeister gefunden, und irgendwie war nachts derartiger Lärm gewesen, daß man im ganzen Bezirk Suhl unseren Hüttenblödsinn hatte mitverfolgen müssen. Dann kam – ich habe einiges erlebt! – ein parteigesandter Riesenkaktus her und brüllte etliche Minuten auf üble Art ein weniges über sozialistische Gesellschaftsmoral und Hausordnung. Er drohte eine sozialistische Abstinenzlerbewegung nach skandinavischem Vorbild an, was nun aber selbst die beisitzenden Sittenwächter und Funktionsfinsterlinge hochschrecken ließ.

Schinske fehlte, der schien schon, degradiert und in Ketten, auf den Weg nach Workuta gebracht worden zu sein. Er tauchte aber später, unverwüstlich heiter, wieder auf und grinste, den Weinbrandpegel bereits wieder voll auf Mitte, in die triste Gegend. Dieser Mann war nicht kleinzukriegen!
Jahre später hörte ich von Schübner, den ich zufällig auf der Straße traf und der Schinske noch freundschaftlich verbunden war, daß dieser nach der Wende, ruck, zuck, Kommandeur einer Brigade von Versicherungsvertretern und ehemaligen FDJ-Genossen geworden war, die für große Verbreitung von meistens natürlich völlig überflüssigen Feuer- und Glasbruchpolicen in den neuen Bundesländern sorgten und alle gleich 1989 in den dicksten Westwagen rumfuhren. (Audi! Audi!) Außerdem soll er auf einem großen Anwesen und Wassergrundstück im Brandenburgischen Buckow sitzen, wo er sich, wörtlich, »ein drittes Ei auf Westkosten wachsen läßt« und mit Gabi verheiratet ist. Es soll aber eine andere Gabi sein. Was mit jener unserer Gabi bzw. Sabine sei, wüßte er auch nicht. Keiner wüßte das. Die seien so plötzlich und auch für ihn unerklärlich verschwunden, wie sie gekommen waren. Ich fragte ihn natürlich noch, ob er mit einer von ihnen oder beiden Geschlechtsverkehr gehabt hätte. Er fegte diese Anmaßung mit einem »Wo denkst'n du hin!« weg und lief fort zu einer politischen Bürotätigkeit für ›Die Grünen‹.

VI.
Krippenspiele

> Seit ich die Pflanzen kenne,
> liebe ich die Tiere.
>
> Erdbeben, Schwarzbären, Saubärn,
> die Euch bescheissen?!
> Komme im Galopp, das Schlamassel
> zu lichten. Euer Eiliger.
> *K. D. Schacht, Karmische Tupferl*

Die übrigen Monate des Jahres 1989 waren genauso wie die vorigen nur noch mit Flaschenbier auszuhalten. Ich favorisierte ›Herrenhäuser‹, weil es das leckerste ist und Hannover, das mich immer begünstigt hat, meine Glücksstadt, weswegen ich aus Dankbarkeit sein schmackhaftes Bier mit dem unverwüstlichen, neunzig Tage gereiften Schaumhäubchen in großen Sühneportionen saufe, ehre und akquiriere. In Berlin ist es schwer ranzuschaffen, aber die Mühe lohnt.
Um die damaligen Berliner Kalamitäten zu ertragen, mußte man sich hin und wieder erfrischen. Es war schon länger alles nicht mehr so leicht wie früher; und nun neue Last! Wir haben im Westen nur noch gestaunt: vorm Fernsehn gesessen und gedacht: O Gott, sie kommen! Frische Schurken, billig gedungene Kanaille, junge, also vornehmlich doofe Menschen, deren größter Traum darin zu bestehen schien, bei uns im Westen tropisches Schalenobst zu pellen! So welche hatten noch gefehlt! Wenn man an den Gardinen entlanggeschlichen ist, hat man sehen können: Es stimmt, was sie im Fernsehn bringen; da unten sind sie! Ich dachte, ich kriege einen Pickel! Es wurden immer mehr, wie 1988 beim Evangelischen Kirchentage zu Berlin, als ich es ahnte: Jene unfaßbare Invasion

an gutmeinenden Knallköppen und Reisepöbel soll uns nur erst Zeichen auf Kommendes sein! Wir saßen damals bei Jes Petersen in der Galerie, Goethestraße, etwas matt und irritiert und deutungsbedürftig. So stach denn Oskar Huth an der Petersenschen alten Flensburger Haus- und Familienbibel aus dem 5. Buch Mose den Vers 38 aus dem 28. Kapitel: Eine ziemliche Weissagung und akkurater Bibelstich! Eine vom lieben Gott über seinen Freund Oskar bemenetekelte Aufrichtigkeit.

»Wolle mer se reinlasse?« – Tat-taaa! – Man wollte. Ich eher nicht. Aber nicht ich, sondern das Man schreibt die Seinsart der Alltäglichkeit vor: Also strömten sie am 10.11.1989 herein in den Westen Berlins, und da übte wie jedes Jahr der ›Kreuzberger Karnevalsverein‹ auf dem Mittelstreifen der Yorckstraße an seinem anachronistischen Zug für den 11.11. um 11 Uhr 11. Dieser jammervollste aller mir bekannten karnevalistischen Jubelwürmer machte, auf Anhängern plaziert und entsetzlich herumwedelnd, seine Probeparade. Die verbeamteten Jecken schmissen mit Zitronenbonbons und Bananen. Am Rande standen Tausende befreiter Ostmenschen mit Tragetaschen an den Gelenken und staunten: Das also ist der Westen!

Dies also hatte ihnen das Regime 40 Jahre lang vorenthalten! Und wir staunten auch nicht schlecht: Da hatten wir jetzt tausend wildfremde, zusätzliche Menschen, die Büchsenbier bevorzugten und in Schlangen nach Räucherfisch angestanden haben sollen, während wir uns im Westen eine ethisch weittragende Konsumverachtung anerzogen hatten. Degoutant! Es war unglaublich, wie sie ungeniert um ihre Begrüßungsgeldscheine tanzten, ständig Schlangen bildeten und Bananen fraßen. »Wer klaut, kriegt keine Plastiktüte!« brüllte ein Verkäufer im soeben gestürmten Kaufhaus ›Hertie‹.

Ich stand mit Butzmann an der Yorckstraße, wir betrachteten entgeistert diesen gespenstischen Umzug, als uns plötzlich einer fragte, ob wir wüßten, wo hier in der Nähe ein bestimmter Laden sei, in dem es »Plastekot« zu kaufen gäbe. – »Plaste was?« – »Plastekot.« – »Ach, Plastikscheiße! Kackhaufen aus Plastik zum die Oma erschrecken?« – »Jaa!« Er strahlte! Wir Deutschen verstanden uns wieder. Es gab tatsächlich in der Hagelberger Straße damals um die Ecke so einen komischen Laden für Gimmicks, Gägs und Plastekot. Wir instruierten ihn, und er marschierte glücklich los und würde nun also einen Teil seines Begrüßungsgeldes in Plastekot investieren. Jessusmaria! So eine ostentative Ostkacke! Jetzt also kommen so welche!

Und hatten wir nicht selbst hinreichend Doofe im Westen? Die Diktatur des Brülletariats war – freilich nicht nach Leninschem Plane, dafür um vieles vitaler und auch gegen Leninsche Spekulation sehr wohl »spontan«! – im Westen, seit achtzig etwa ansetzend, bereits gegen Mitte der Dekade im Grunde errichtet. Ihr Hymnus lautete: »Life is live!« Was Quatsch ist. Oder »Life is life!« Was immerhin einigermaßen stimmt. Als Beleg wurde »Nana, na, nana!« hintendran gegrölt. Sehr beliebt auch ein heiter regressives Schütteltänzchen, welches mit der vielmals wiederholten Behauptung »It's my life!« überall und immer längs lief und dem ungebildeten Massenmenschen nach tautologischem Rezepte, also vermittelst brainwashing, die allerfeisteste Anspruchstellerei ins Ohr setzte und ihn gar zum Maßstabsetzer allen möglichen Unfugs akkreditierte. Das alles trieb mich schier an die Pulsadern.

Und nun noch diese frische, unserem Pöbel tief verwandte, ihn um vieles ergänzende und stärkende, heikel motorisierte Wanderbewegung gegen die Laufrichtung der Erde! Das Volk veranstaltete Polonaisen, obligat mit viel Krach und sonstigen Brandenburger Torheiten, angefeuert von christlichen Immobilienverbändlern, Revanchisten und Leuten, die den Verstand verloren haben mußten!

Der noch mit plebejischen Instinkten versehene Connaisseur

duckte ab. Er hatte es geahnt und fürchtete sich. Seine Ökonomie war zerbrechlich. Ein ostpolitisches Subventionskalkül (»Schaufenster des Westens«) hatte an wenigstens einem Ort der ›Ersten Welt‹, in Westberlin, für erträgliche Lebensbedingungen gesorgt und kynisch orientiertes, selbstverständlich auch müßiggängerisches Randvolk akkumuliert, welches aus schlichtester Ökonomie enorme geistige als auch insgesamt die Stimmung hebende Überschüsse produzierte.

So kam es einem jedenfalls vor. Für das im Weltmaßstab halbwegs kommod zu bewohnende Westberlin konnte die damals bereits zu erwartende Abschaffung und Implantierung der DDR nur bedeuten: verblühende Landschaften, finstere Rückfälle in die geistige Atmosphäre von 1956, anschwellender Mangel und ethischer Verfall nach sowjetamerikanischem Vorbild sowie Faulheit und Schlendrian (»...aalte Gewooohnheit!«) bei Dingen des alltäglichen Lebens. Mit anderen Worten: hemmungsloseste Habgier als allgemeine Grundlage, en detail verspätete und ausfallende Züge, die man zur Kompensation ihrer Mängel ›InterCity‹ nennt (was diesen ehemaligen ›Intershop‹-Schummel seltsam fortführt), dazu transversal schlechte Laune unter und zwischen allen Bevölkerungsteilen, insbesondere gefördert und weiterentwickelt durch Supermarktkassiererinnen, Kellnerinnen und Amtspersonen; ein als ›weltstädtisch‹ verbrämtes Elend, hübscher gekleidete Polizei, anschwellende Hysterie unter der männlichen, insbesondere ausländischen Jugend, exponentiell vermehrtes Fittitum in offenen BMWs, metastatische Verpennerung in U- und S-Bahn und auf allen anderen Steigen bei gleichbleibender Verblödung der rentenversorgten Alternativscheißer und parvenierenden Vollbärte. So!

Dazu eine ethnologisch beachtliche, Jahr für Jahr ins Unfaßbare spiralistisch sich steigernde Weihnachtsfeierhysterie. Und so weiter.

Heute haben wir den halben Salat. Wir kennen die Bürden, und klugerweise hat man es inzwischen als historisches Fatum, jenseits von Gut und Böse, hingenommen, um nicht ganz kirre zu werden, denn – ich weiß, ich weiß! – man muß ja damit leben und wird damit leben. Aber damals paßte es einem nicht. Also: Verflucht, was konnte man machen?

Es ist allweil nicht schlecht, in verzweifelten Momenten die Technik der Flucht in verblüffend entgegengesetzte Richtungen zu proben. Nicht genau entgegengesetzt und kein schlichtes Dagegen, wohlgemerkt. Also keinen Anti-Quatsch. Die Negation muß subtil sein und dialektisch begriffen wenigstens 2 plus ›n‹ bieten. Der Franzose wirft es dem Hegel ja vor, daß er über der Negation die Differenz (also in diesem Falle das ›n‹ oder nennen wir es ruhig auch ›das Andere‹) vernachlässigt und das Problem des Dagegenseins taktisch zu simpel faßt. Indes, Hegel weiß sogar ganz genau Bescheid, hier etwa, in den ›Vorlesungen zur Geschichte der Philosophie‹: »Die Entsagung, das Negative, enthält zugleich eine affirmative Richtung auf das, dem entsagt wird, und die Entsagung und die Wichtigkeit dessen, dem entsagt wird, wird zuviel hervorgehoben.« Bitte sehr!

Heinz von Foerster hatte uns ein Jahr zuvor in Linz erzählt, wie er 1938 vom Großdeutschen Reichsrand in Österreich ins Zentrum nach Berlin umzog, ganz ordentlich mit Möbelwagen und ohne Fluchtgestik, und wie er damit seine jüdische Frau rettete; es konnte sich von den Judentreibern keiner vorstellen, daß man in beschrifteten Umzugskisten direkt auf sie zurollte, und eben diese verblüffende entgegengesetzte Richtung meine ich.

Gut, was hieß das für die uns plagende Absetzbewegung von Osten nach Westen. Es wiederholte sich das alles ja auch schaurig in Kuba. Aus kurzsichtig turnschuhkultischen Gründen täuscht man sich auch dort über eine Zukunft im ›befreiten‹ Kuba gewaltig. Die neue Errungenschaft wird Haiti und nicht Florida sein. Oder Albanien. Eine komplette, arbeitsfähige Volksschicht an Hungerleidern und Galgenvögeln ist zu jeder Schandtat bereit, um in den Besitz eines BMW-Wagens oder vorerst dämlichen Paars Adidas-Turnschuhe zu gelangen.

Wir waren skeptisch. Wir waren etwas konsterniert und ideenlos, neideten wohl auch beleidigt das Begrüßungsgeld. Uns hatte in dieser Welt keiner mit hundert Mark begrüßt! Was konnte man machen? Welche verblüffende Bewegung wäre die auch gleichsam größtmöglichst blüffende gewesen?

Für mich wurde folgendes entschieden: Du bleibst hier schön sitzen! Stilles Beharren bei Zimmertemperatur bekommt dir am besten. Wo alles mobilgemacht hat, bewegt sich nur noch der, der gerädert anhält. Und sich setzt. Ich setzte mich in mein Lieblingsfauteuil und dachte solchen Gedanken nach. Wobei ich insgeheim natürlich auch mein Phlegma mit hübsch viel Ratio stopfte und beharrlich einen auf Homo deses machte.

Aber ich hatte auch bessere Gründe: Ich stand damals erstmals in meinem ziellosen Leben einer richtigen Familie vor, in der ich den leibhaftigen Papa figurierte und die Alpha-Position in einer typisch triangulären Struktur innehatte, so recht im Sinne von ›klein a‹ und ähnlich Possierlichem nach Lacanscher Familienplanung. Ich hatte sie nicht gegründet, das nicht; sie war mir im Rahmen eines unerklärlichen Kontingenzprogrammes, vielleicht aus metaphysischen Gründen zugefallen. Wie auch immer, der mir zugewachsene Familienzusammenschluß bestand aus einer hübschen Frau und einem entzückenden Kinde und einer unfaßbar riesigen Wohnfläche und einer fundamentalen Suspendierung von jeglicher pekuniären Sorge und dies alles mit so normativer Emphase, daß mir der liebe Gott sofort auch obendrauf noch eine Professorenstelle zuschlug. (Und zwei Jahre später alles wieder fortnahm! Der Herr hat's gegeben, der Herr hat's genommen; der Name des Herrn sei gelobt. Und ein Prosit dem Niesenden!)

Dies vorläufige Wunder erstaunte mich und andere, war ich doch von Hause aus immer ein armes und ewigen Beziehungsrütteleien ausgesetztes Arschloch gewesen und deswegen auch ewig sehnsüchtig häuslich. Und nun war pupigster Kissenkomfort, ferngesteuertes Kabelfarbfernsehn und die Wohnfläche so ausladend weitläufig, daß Operngläser dazu not taten, die übrigen Familienangehörigen zu orten. Zwischen den mit Preisen für schöne Form ausgezeichneten Leuchten und Rührgeräten standen allerlei Lederfauteuils zur Auswahl herum; darin rauchte ich beachtliche Sumatra-Havanna-Sandblattdecker zu neun Mark, die es gerne haben, wenn man ihnen lange Asche läßt, weswegen ich immer höchstens dreimal abstreifte. Im folglichen Heini-Müller-Zigarrenqualm faßte ich große Gedanken und Getränke.

Herr Kapielski, befand ich, ist ein bei Presse, Funk und Arbeitsamt bekannter Mauvaisvivant. Und Herr Müller, folgerte ich, ist ein Mann, der auf Grund seines hohen Berühmtheitsgrades berühmt geworden ist. Dazu stieß ich Ringe aus und frönte der Skepsis des Fleisches in Form von Faulheit. Ad maiorem Dei gloriam! Denn: Ob träge, trunksüchtig, lüstern – niemand ist so schlaff, daß er nicht friedfertig werden könnte! Unten im Nebenhause befand sich zu meinem allergrößten Vorteile einer dieser satt bestückten Getränkehoffmeister mit wundersam wohlfeilen Vorräten an ›Herri‹ (welches der Kosename für das vorhin schon erwähnte ›Herrenhäuser Bier‹ in Halbliterpfandflaschen ist) und im Hause selbst sich ein Aufzug für das Verbringen der Kästen nach oben. Als der Fahrstuhl einmal ausfiel, mußte ich das Flaschengut wie ein Primat an gedehnten Gelenken durchs Treppenhaus schleppen, und ich sah ein, wie gut es mir ging. Der Vorfall mahnte an, was wohl gefügt und wert, bewahrt zu werden, nicht aufs Spiel zu setzen, so daß ich, ob des reichlichen Glückes, wohl bisweilen schon anfing, mit mißtrauischem Blicke das Wohnfeld nach Übel zu durchkämmen, als nun doch, und ausgerechnet da, wo alles gut war und hätte bleiben sollen, wie es war, sich 1989 die Scheißgesellschaft verändern mußte! Verflucht! Non deformata, non reformata!

Ich schlug also aus taktischen und konservativen Gründen den Weg der Häuslichkeit ein. Von mir aus sollten die Scheißer draußen alle tun, was sie wollten. Ich wollte zu Hause bleiben! Zu jener Zeit lief im Fernsehn ein Lied zu einer Reklame für halbfetten Brotaufstrich, das ich sehr mochte. Auf die von mir schmetternd mitgesungene Zeile: »Ich will so bleiben, wie ich bin!« mußte die Familie im Chor das auch im Fernsehn chorisch vorgetragene »Du darfst!« begleiten. Auch im Bad und sonstwo tremolierte ich vor Ergriffenheit die Melodie mit dem Text, der im Grunde so blöd wie »It's my life!« ist. Nun ist das Eichendorffsche »Wem Gott will rechte Gunst erweisen, / Den schickt er in die weite Welt« auch ganz schön banales Mundgeorgel. Gleichwohl sieht es Adorno bekanntlich anders. Ich sah es in meinem Falle auch anders, und zwar ähnlich wie Adorno. Beide zielten wir, trotz aller Unterschiede, auf das im guten Sinne Konservative und wußten: nur noch Constanze, Familie, Fahrstuhl, Getränkemeister und Fernmündliches!

Dezember 1989. Freund Helmut Höge ruft an. Ich legte meinen Sandblattdecker beiseite: »Helmut! Bevor du mir was erzählst: Was tun? Welche Bewegungsrichtung? Oder überhaupt bewegen?« – »Ja«, knurrte Helmut Höge, »ich konnte es auch alles nicht mehr ertragen und habe nun gedacht, wir müssen was Kluges tun, was Verblüffendes und so...« – Meine Meinung! Wir hatten ja schließlich gemeinsam den Certeau, das ›Handorakel‹, den Krauss studiert, somit die Künste des Handelns und die komplette jesuitische Finte intus, und da war er also mit seiner damaligen Bekannten Sabine Vogel im förstergrünen Audi-Wagen in den Osten gefahren, aber von Westberlin aus Richtung Westen! Also schon mal die doppelt gegenläufige Richtung in jeder Hinsicht.

Es gab noch Grenzkontrollen, sie waren aber schon unwichtig. Beide sind ziellos mit dem lindgrünen Försteraudi über Land, haben Ausschau gehalten und auf Eingebungen gewartet. In einem gräulichen Flecken namens Fahlhorst stellte sich eine ein. Sie wackelten rechts über ein kurzes Stück Feldweg und landeten auf einer LPG. Haben dort bißchen rumgeguckt und sich mit ihren Selbstgedrehten auch ein wenig zu einem Gummistiefelmann gestellt: »Wie sieht's denn so aus hier?« – »Aber hallo!« rief der: »Kollegen sind alle im Westen einkaufen. Kümmert sich doch keiner mehr um Kühe hier. Es fehlen vorne und hinten überall Leute.«
Nun hatte Helmut Höge schon Landbau getrieben, kannte das, konnte ein paar Kuhstallgeschichten vom Vogelsberg erzählen. Kleine vergleichende Ost-West-Messungen wurden vorgenommen, Heusysteme verglichen, angeregt wurden verschiedene Herdentypen und PS beziffert, und Helmut Höge hatte im Furor poeticus schon die Schippe in der Hand, als er zu allgemeiner Überraschung allen Ernstes gemeinsam mit Sabine Vogel um Einstellung in den dortigen Tierbetrieb bat! Um Ostgeld! Das gab es ja noch.
»Also, wie bitte?« Die Kolchose hörte wohl nicht richtig! Warum wollen zwei Westgoten freiwillig im Osten für Indianergeld einen maroden Kuhstall fegen? CIA und BND und hin und her und oben und unten; egal, man war trotz allen Mißtrauens der Nöte wegen interessiert an Verstärkung des Stallpersonals und erkundigte sich oben vorsichtig, ob der seltsam verkehrte Antrag erlaubnisgenehmigungsfähig sei. Die betreffende DDR-Führungsebene war inzwischen so weit, daß sie nur noch abgewunken hat, macht was ihr wollt, wir machen erst mal unsere Transferrubelgeschichten! Ebenso waren die runden Tische sehr mit sich beschäftigt, hatten Wichtiges zu bereden, aber nichts zu sagen, und gaben ansonsten ebenfalls »Do what you wilt!«-Losungen aus.
Also sagte sich der damalige LPG-Vorsitzende Kärgel, die

zwei Irren schickt der Himmel, die brauchen wir, und stellte die zwo geisteskranken Westler zum Kackeschaufeln für Ostmark ab nächste Woche ein. Mit Kontrakt und einigen Högeschen Sonderlichkeiten, was die beiden in ihrem ›Babelsberg‹-Buch ja auch ausführlich erzählt haben.
Nun fuhren Helmut und Sabine fortan jeden Morgen um halb vier frisch von Kreuzberg nach Babelsberg, schippten die im Verlaufe des Nachmittags und der Nacht angefallene Kuhkacke und machten sich täglich den Muskelkater neu. Wir verloren sie ein wenig aus den Augen. Wenn beide wie verdroschen in den Betten stöhnten, hockten wir gewöhnlich in Kneipen und besprachen Nutzen und Mängel des Landbaus nach östlichem Muster. Helmut rief mich ab und zu an, und dann saugte ich ihm gierig die sonderbaren Geschichten vom Leben im Sozialismus in den Stenoblock, um sie frisch und in vielen Punkten freimütig ausgebaut bei Jes Petersen zu kolportieren.
Jes Petersen, Oskar Huth, sonstige Laufkunden, wir kauerten tagsüber wie üblich in seinem Galeriekabuff in der Goethestraße, nicht weit von meinem Fahrstuhl übrigens, und werteten bei ausreichend Erfrischung und Getränken und vermittelst Bibelstichen täglich meine Berichte über den merkwürdigen Höge/Vogelschen Subotnik im Osten aus. Alle bestaunten die Vorgänge, wollten alles bis ins einzelne darüber wissen, und mein Ansehen als Postillon d'agricole wuchs beachtlich. Allein Petersens Begeisterung klar gedämpft; er war Landwirt gewesen: »Kühe stinken. Mich kriegst du in keinen Gummistiefel mehr! Nä!!«
Egal, wir mußten da mal gucken. Wir waren ja nun auch schon in Jamaika und sonstwo gewesen, und Petersen hatte auf Kreta mit dem Taxi schon mal einen Leichnam neben sich auf der Rückbank ins Tal transportiert, so was Weltläufiges alles war uns Routine, aber LPG, das kannte keiner, da konnte sich überhaupt keiner was vorstellen, so fremd war das, diese ganze

komische Ostzone. Wir beschlossen eine Exkursion in die betreffenden Gebiete. »Kapielski, arrangier das mal!«

Gut, ich arrangierte das mal! Nachmittags um sechs weckte ich Helmut Höge mit dem Telefon, das war für den ja jetzt schon tiefe Nacht, und kündigte für den nächsten Mittag eine Besichtigung an. Helmut sonderte ein »Ä!?« ab – was ich als ›Ja, geht in Ordnung!‹ ausdeutete –, legte auf und ging wieder schlafen. Alles klar. Wir konnten packen!

Durch die Westbezirke hallte es wie »Ivanhoe!«-Rufe. Alle wollten mit, Osten gucken, LPG-Kadergeheimzentralen besichtigen, Tiere streicheln und gucken, wie Sabine Vogel als Magd aussah. Ein kleiner Konvoi wurde gebildet und setzte sich zusammen aus Ernst und Utes großem Mercedes-Wagen, dem noch größeren Mercedes-Wagen der Gruppe Dittmann/Hoeck und dem noch größeren meiner Dame: (Ich hatte ihn noch gar nicht erwähnt: Ja, einen Mercedes gab's auch! Der Herr hat ihn dann wenig später ebenfalls genommen.) Darin wurden verladen: Petersen und Frau, Oskar Huth, die umfangreiche Dittmann/Hoeck-Gruppe, die Gruppe Krüger, mein Familienverbund mit Kind sowie zwei Hunde, nämlich Jutty, der Petersenhund, und ein Nils Krüger zugehöriger sogenannter ›Reh-Terrier‹, den man ›Ré-terjé‹ aussprechen mußte, welcher aber, soweit ich mich recht erinnere, »Piesel« gerufen wurde und ein wenig wie Elias Canetti ausschaute.

»Die Luft würde den Hunden guttun!« Städtische Präambel einer Treckbildung. Gegen halb zwölf setzte sich der Pulk nach allerhand Umständlichkeiten vor Petersens Galerie endlich in Bewegung.

Die typische LPG Anlage. Die von Neuschnee und Reif bedeckten Gebäude machten einen charmant verwahrlosten Eindruck. Die Mercedes-Wagenkolonne rollte gemach auf den weitläufigen Innenhof und kam etwas entfernt von zwei Stallbaracken und einer undeutlichen Nissenhütte in der Nähe eines gemauerten Gebäudes, welches wohl einmal das Gutshaus gewesen sein mußte, in einer Halbkreisaufstellung zum Stehen. Seltsam: Auf dem grau verputzten Haupthaus befanden sich mindestens dreißig Fernsehantennen.

Unsere kuriose Delegation entstieg den Limousinen: Ilona Petersen im langen Nerzmantel, die Köter trotteten unwillig an Land, andere Damen folgten, hatten Landhabit improvisiert und wühlten vorerst in den Kofferräumen nach Strickjacken herum oder restaurierten ihr Rouge an allen Rückspiegeln.

Vorn, bei den Kühlhauben, reckten sich die größtenteils übergewichtigen und von den anderthalbstündigen Reisestrapazen noch etwas steifgliedrigen Herren ungeniert wie auf Autobahnraststätten.

Petersen, Galerist und Gutsbesitzerssohn a. D., baute sich im Zentrum auf und überblickte fachmännisch das Landgut, knipste alles, Jutty vorm Haupthaus, Jutty am Geräteschuppen, Jutty mit Réeterjée Piesel und den vielen Fernsehantennen. Oskar Huth stand wie Graf Oskar mit englischer Golfmütze etwas besorgt an der Peripherie herum und hielt Ausschau nach Klarem.

Dann formierte sich nach und nach die vollzählige, schrecklich laute, vorerst noch gänzlich introvertierte Reisegruppe, und endlich führte sie Petersen nach Gutsherrenart vorneweg auf die hinteren Stallungen zu, wo man Helmut Höge, Sabine Vogel und das eigentliche Zentrum der landwirtschaftlichen Produktionsgenossenschaft vermutete.

In den Kulissen kam Unruhe auf; ein paar Landarbeiter pesten hinten aufgeregt hin und her und jagten einer nach dem anderen ins Verwaltungsgebäude, als sei der Dreißigjährige Krieg am Wiederauflohen.

»Alarm! Alarm!« Ein pausbackiger Mensch mit Schirmmütze starrte mit aufgerissenen Augen aus einem Fenster im ersten Stock. »Sie kommen! Die ehemaligen Gutsbesitzer! Die alte Herrschaft!! Aus dem Westen! Sie werden uns wieder leibeigen machen!« Angst und Schrecken! Alles ging in Deckung.

Die westdeutsche Reisegruppe verharrte erschrocken, erwog schon den Rückzug zur Wagenburg. Da stiefelten endlich zwischen den Kühen Helmut Höge und Sabine Vogel hervor, versehen mit zwei furchteinflößenden Mistforken und jeweils zwei wenigstens ebenso bange machenden Ringen unter den Augen und beruhigten aufs erste das in sicherer Entfernung verschanzte Kollektiv mit der Erklärung, wir wären Freunde aus Berlin, ohne Ansprüche und im wesentlichen auch Arbeitslose und die Mercedes-Wagen bei näherem Hinsehen TÜV-gefährdeter Schrott und also Blendung. »Und der Nerz?« – »Das ist was anderes. Das is Ilona ihrer!«
So war man erst mal beruhigt, hielt sich gleichwohl aufs erste bedeckt. Wir begüßten nun im Vordergrund die zwei Kuhhirten Höge und Vogel, welche etwas überanstrengt ausschauten, im Grunde aber einen recht frohen und glücklichen Eindruck machten, ganz so, als hätte die schwere Arbeit die zwo geplagten Tierpfleger (und eigentlich ja zarten Zeitungsschreiber) mit Zuversicht und Lebensmut beseelt.
Ein großes »Hallo!« und »Hurra!« hub an. Da faßte man auch hinten im Landvolk Mut und traute sich einzeln heran, woraufhin ein neuerliches Begrüßen und Schütteln und gegenseitiges Zigarettenanbieten folgten und heitere Jugendherbergsstimmung aufkommen ließen. Mir besonders zugetan schien der vorherige Mann mit den Pausbacken und der Schirmmütze aus dem ersten Stockwerk, denn wir fraternisierten wie die Geisteskranken ein ums andere Mal, und er feuerte das Schütteln und Herzen immer mehr an, wobei mir allerdings unerklärlich blieb, warum er dabei ständig ausrief: »Schön, daß du wieder da bist, Erwin!«
Allein, die endgültige Aussöhnung zwischen den zwei Parteien sollte aufs erste erneut stagnieren: Petersens Köter, sonst ewig hungrig dösendes Fett, jagte wie ein Stachelrochen in einer der Stallbaracken umher, fluchte die Kuhärsche auf und ab und machte den Stall verrückt. Der feige Rehterrier zögerte

noch, sah nun aber die schreckliche und gänzlich risikolose Wirkung des Galerieköters unter den harmlosen, paarhufigen Pflanzenfressern und zog gleich. Mit Mühe kommandierte man die zwei völlig irre gewordenen Tölen aus den Stallungen heraus und sperrte sie aufs erste in einen der Mercedes-Wagen. Die Herde starrte aus aufgerissenen Augen zur neuen Gutsherrschaft und ihren Bluthunden hin und stemmte sich mutlos wider die Ketten.

Nachdem sich die Aufregung etwas gelegt hatte, gaben die Kühe zur Feier des Tages über die Entspannung der Lage einen reihenweisen Schreckschiß ab, und Sabine Vogel sank merklich zusammen. Sie mußte es ja schließlich wieder wegmachen!

Unser zum Treck gehöriges Kleinkind kroch währenddessen unbemerkt durch halbgefrorene Jauchen, und ein paar Altbauern brüllten im Hintergrund dermaßen kriegerisch, daß wir schon dachten, es sei was Schreckliches passiert oder man rüste nun endgültig gegen uns, was jedoch, wie Helmut Höge erklärte, normal hier sei, »das etwas Laute«, welches sich aber gegen keinen persönlich richte.

Jes Petersen hatte schon genug von der Landwirtschaft: »So eine Mistscheiße! So eine verfluchte, riesige Mistkacke! Wie früher!« Schlimme landwirtschaftliche Erinnerungen mußten ihn überkommen haben; er bollerte stur vom Hof.

Wir standen nun blöd herum, die Freunde hatten ihre Arbeit weiter zu verrichten, also entschloß man sich zur gemeinsamen Dorfbegehung, was für die Herren im Pulk lediglich einen Vorwand auf die Ortung einer bereits angekündigten Gaststube hergab. Petersen, fuffzig Schritte voran, schien zu wissen, wo's langgeht. Zunächst mußten nun die eingesperrten Köter trickreich aus ihrem Mercedes-Wagen getrieben werden, wo sie, noch ganz außer Puste, ihre Erschöpfung auskurierten, welche sie sich auf Grund ihres cholerischen Ausfalls zugezogen hatten. Unwirsch schleppten sich die zwei kuriosen

Haustiere herbei. Endlich vollzählig, stapften wir ab. Oskar Huth mantelte eilig voran, den tiefen Schneespuren Petersens nach, zum Hühnerfutter hin.

Die Dorfkneipe, der klare Korn! Wir hatten schon gezweifelt, denn draußen hatte sich keinerlei Reklame oder sonstige Erkennung befunden, so, wie wir es im Westen gewohnt waren, daß uns überall das Gewinsel der Ware um Konsumenten die Richtung anzeigt.

Drinnen gruppierten sich mißtrauische Übergewichtige um ein lustiges Öfchen, und ein vom Schweinefleischverzehr arg gezeichneter Mensch schenkte Doppelte aus und Mokkalikör für die Damen, wobei der Kerl uns arg mus- und mißäugig musterte. Die Köter waren insgeheim unerwünscht. Köter im Hause sind auf dem Land ein Unding. Der Petersensche war sowieso beleidigt, einmal, weil er deswegen hier keinen Stuhl belegen durfte und auch weil Herrchen eben ohne ihn vorausgegangen war. Als Petersen ihm versöhnlerisch Bockwurst bestellte und unter den Tisch reichte, war man im Bereich der Stammtische pikiert. So was mußte auch nicht sein! Uns andern war's klar, den Kötern war's wurscht.

Jetzt ging ein Saufen und Brüllen los, wie es nach extremen Bergbesteigungen verzeihlich wäre. Wurst, Bier, Schnaps, es wurden die insbesondere bei der Dittmann/Hoeck-Gruppe üblichen Sorten und Mengen bestellt und dazu die überstandenen LPG-Erlebnisse bellend ins Maßlose verzerrt. Die sprachlose Dorfbelegschaft horchte mit und versuchte, uns, mit Bourdieuscher, an Überbiß und Stirnrunzeln ablesbarer Anstrengung, auf die feinen Unterschiede hin genauer einzuschätzen.

Nach Stunden mußte sich bei ihnen eine Vermutung herausgebildet haben, denn man schickte hintenherum einen besonders flinken Boten zur LPG hinüber, um mitzuteilen, daß die alte Herrschaft wieder im Dorfe eingetroffen sei und daß man Vorsichtsmaßnahmen treffen möge und daß man sich bemühen werde, die Junker vorerst im Gasthause festzuhalten, bis auf der betroffenen LPG so weit alles gerichtet sei, die Landnahme zu verhindern.

Als der diskrete Sendbursche wieder eintraf und klärende Rückmeldung erstattet hatte, tuschelte man verstohlen und kassierte nun umgehendst ab, was sich vorher sonderbar verzögert hatte. Die Teilnehmer der Reisegruppe hatten alle einen sitzen und wollten heim. »Wir wollen nach Hause!« Vereinzelt hörte man sogar besonders weinerlich, man wolle »sofort wieder zurück in den Westen«!

So waren wir nun durch die kleine Expedition besser im Bilde, was den Osten betraf, und konnten die spärlichen telefonischen Auskünfte, die Helmut Höge ab und zu nachreichte, dem gewonnen Gesamteindruck besser hinzufügen. Insgesamt war jedoch eine Ernüchterung erfolgt; ein weiteres Reisevorhaben kam nicht zustande.

Kurz vor Weihnachten rief Helmut Höge wieder an: »Kapielski, es ist doch so, daß die Kolchosbauern sich hier schon alle so auf Weihnachten freuen!« – »Ernsthaft? Tun sie das?« – »O ja!« – »Das kann doch nicht sein!« – »Und ob! Also willst du nicht Heiligabend zu uns an die Krippen kommen und drei Tage aushelfen, damit die werktätige Bevölkerung schön in Ruhe an Weihnachten Rinderbraten fressen kann? Es fehlen uns doch so viele!« Ich Idiot sagte zu. »Man muß was erleben. Sich auch mal auf was einlassen. Erfahrungen, die man sonst nie hätte. Weihnachten ist sowieso zu meiden.« – »Genau!« Helmut Höge besorgte alles. Ich bestand eine obligate Stuhlprobe beim Gesundheitsamt Charlottenburg und erhielt schriftliche Stallerlaubnis mit Stempel.

Die ›neue Erfahrung‹ bestand zunächst im Drei-Uhr-früh-Aufstehen, wobei man am Abend zuvor in der Kneipe zehn Halbe lang angegeben hatte, man werde morgen als Tierpfleger der niederliegenden Kollektivlandwirtschaft im Osten aufhelfen. Sodenn wurden die Biermastfliegen von den Stallfliegen ge-

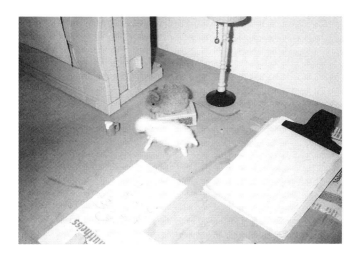

schieden: »Herr, du kennst mein Sitzen und mein Aufstehn« (Psalm 139,2).
Früh taumelte ich geistlos ins Klo, suchte ein paar alte Klamotten zusammen, verteilte Küßchen unter der bettwarmen Familie, und unten an der Ecke standen Höge und Vogel bereits im dunklen Auto bei laufendem Motor und sahen zusammen so fertig aus, wie ich in summa alleine. Es folgte ein wortkarger Transport dreier Menschleiber zu den Kühen hin, auf daß man ihnen frühmorgens die Scheiße vom Hals schaffte.
Die Brigade grüßte freundlich, schließlich war ich die Bürgschaft auf ihre doofe Weihnachtsfeierei, und daß sie in Ruhe ihre Rouladen würden einnehmen können; aber die guckten auch schon, wie man so Vollidioten mustert, die so was freiwillig machen, anstatt schön ausgeschlafen durchs ›KaDeWe‹ zu bummeln und Bananenpreise zu vergleichen. Ich wurde mit einem Paar halbwegs passenden, innen noch restfeuchten Gummistiefeln und einer dreizackigen Mistforke ausgerüstet und bekam Order auf das Ausmisten einer Jungtierstallung.

Wir marschierten durch den verdreckten Schnee und die Dunkelheit in eine dampfende Rinderbaracke. Darin standen die Viecher in zwei Reihen Kopf an Kopf, kriegten vorne den Fraß in Futtertröge und hinten gaben sie uns die Scheiße in eine Mistrinne, die Traktorbreite hatte. Praktisch gedachte menschliche Konstruktion: Mit dem Trecker konnte man die Scheiße durch die Rinne aus der Halle hinausschieben. Der Haken war, daß die Kühe keinen Grund sahen, gezielt in die Rinne zu kacken. Dieser Systemfehler war es, der mein Dasein zur Frühschicht nötig und sinnvoll machte. Ich sollte mit der Mistgabel zwischen die Viecher gehen und das Danebengegangene zurück in die Rinne schippen, auf daß es besser gefaßt und maschinell hinausbefördert werden konnte. Freund Höge sollte mich einweisen.

Nun traue ich mich gewöhnlich nicht mal, einen Goldhamster zu berühren, und diese Kühe waren groß! Obwohl sie auch irgendwie mickriger und verschissener aussahen als die mir bisher zu Gesicht gekommenen Westkühe im Fernsehn.

So! Helmut machte vor, wie es geht. Er sprach irgendeinen begütigenden Quatsch vor sich hin, die Kühe hörten sich's gerne an und gingen beiseite, und nun schippte er die Scheiße nach hinten, während er weiter fürsorglich brummigen Blödsinn von sich gab. Er kehrte den alten Hasen raus, den alten Vogelsberger Stallfuchs.

»Das reicht, Helmut! Solchen Quatsch abbrummen kann ich auch.« Er verschwand. Ich guckte, ob keiner guckt, und sprach nun ähnlich Possierliches vom Band: »Ja, du meine gute, dicke Rindsroulade, du! Sei so gut zu Kapielski und mach Männchen!« Ein Wackeln und Schütteln ging durch den Stall. Die Rinder drehten sich alle nach mir um: »Oh, ein Neuer! Mit Brille! Also harmlos.« Und bewegten sich nicht von der Stelle. Ich sprach jetzt die betreffende Kuh persönlich an: »Komm schon, Mutter aller Käse, geh zur Seite, auf daß ich dich besser pflegen kann!« Nichts.

Was tun? Beim Führen und Lenken der Massen braucht es die Avantgarde, erinnerte ich mich! Vielleicht waren es die Rinder im Osten so gewohnt. Mir fiel auf an der ganzen komischen Situation, daß es ein bißchen so war, wie wenn man einen Platz an einer vollbelegten Theke erobern wollte. Die Kühe standen nebeneinander wie an einer Theke, taten sich vorne oral und hinten anal gütlich, ganz so wie es unter Männern in Kneipen üblich! Teils sublimiert natürlich. Und da wußte ich Bescheid. Man mußte also entweder den Wirt machen und sich vor den Tieren aufstellen und brüllen: »Macht Platz für olle Kapielski!« Und dann ganz schnell nach hinten laufen und von der Wirtsrolle in die Kapielskirolle schlüpfen und den freikommandierten Platz einnehmen. Sie durften natürlich nichts merken. Aber sie merkten es natürlich.
Zweite Möglichkeit: Man machte es gleich von hinten auf die Prol-Pot-Art. Also bellte ich forsch zwischen zwei Kuhärsche: »Ej, du Arsch! Mach ma Platz! Saufen is für alle da!« Die betreffenden Kühe fühlten sich beide angesprochen und gingen verdutzt beiseite! Die nächste wieder nicht. Auch als ich drastischer wurde. »Weg da, Kuhfotze!« Nichts.
Das mit der vergeblichen Kuhfotze hatte nun ein im hinteren Teil des Stalles tätiges und hier dauerhaft beschäftigtes Bäuerlein hellhörig gemacht – damals rollte ja die Pornowelle schon machtvoll gen Osten und versetzte die männliche Bevölkerung in einen erektilen Dauerzustand –, und es kam herbei, mich den rechten Umgang mit Tieren zu lehren, nahm zu diesem Zwecke die Mistforke, rammte sie der einen Kuh ohne Vorwarnung fast gänzlich in die Flanke und brüllte wie von Sinnen: »Weg da, ihr Schweine!« Die Kuh gab einen elenden Schrei von sich, sprang bis fast an die Decke, und die andern schossen mit gesträubten Fellen und zu Berge stehenden Hörnern freiwillig zur Seite, und nun hatte sich eine wohnzimmergroße Schneise gebildet, in der man ungestört saubermachen konnte. Die Kühe atmeten erleichtert auf, als dieser

reguläre Bauer sich endlich entfernte, nicht ohne mir noch Ratschlag zu erteilen: »Du mußt se orndlich pieken, die Säue.« Ich wandte mich unverzüglich vom Humanismus ab! Freundlich stubste ich nun hin und wieder in die Kuhflanken und meist traten die Tiere nun von sich aus beiseite, denn sie hatten in mir den gütigen Wächter erkannt und waren mit mir eine Art Gesellschaftsvertrag eingegangen zum Zwecke beiderseitigen Vermeidens von unnötigem Ärger. Wie im Leben!
Allerdings war uns auch klar, daß die Moral und Sittlichkeit der liberalen Ordnung von Beginn an und bis heute auf Pump lebt. Das war mir klar und auch den Kühen, aber den neuen Bundesbürgern nicht. Der liberale Kapitalismus plündert die moralischen Vorräte der lebensweltlichen Traditionen, ohne sie jedoch selbst erneuern zu können, und ist deshalb ziemlich todessüchtig. Man bemerkte schon den restlosen Verbrauch sittlicher Standesordnungen im Verkehrsbenehmen und im mordbrennerischen Elendsnihilismus der Jugend. Man bräuchte doch besser wieder einen Kaiser und eine mehr am Ius talionis orientierte, entschlossenere Gerichtsbarkeit. Auf so was kam man beim Mistschaufeln!
Weiter ad bestias: Die Arbeit selbst war gleichwohl leicht und schwer. Eine volle Schippe Kuhkacke schätze ich auf fünfzehn Kilo! Das Leichte an der Arbeit war ihre schlichte, unkomplizierte Eintönigkeit. Zum kompletten Anlernen waren bei mir (mit Abitur) ca. zehn Minuten nötig gewesen. Schlichte Gemüter mit Sonder- oder Hauptschulabschlüssen brauchen genausoviel, meist aber weniger, weil ihr karges Fassungsvermögen durch ein unverkrampfteres Verhältnis zu Tieren allemal wettgemacht wird.
Vergrübelt und tierlieb schippte ich mich durch die Reihen und versuchte, das eigentümliche Benehmen dieser Tiere zu begreifen. War ihre teilweise Unberechenbarkeit einer manichäischen oder augustinischen Teufelei zu verdanken? War's verschlagene Trickserei, mich zu foppen, oder reinster Zufall

und schlichte Irregularität, daß sie mal machten, was ich erwartet hatte, und ein andermal und meist eben überhaupt nicht? War ihr Betragen intuitiv oder meinetwegen auch algorithmisch und unter Zuhilfenahme einer irgendwie gearteten Schummelkonstante irgendwann doch einmal berechenbar? Ich war mir ziemlich sicher, auch wenn es ewig unverständliche Reste geben würde. Wie auch bei Menschen untereinander.

Um den Dialog mit dem Vieh bemüht, las ich schnell noch vor Weihnachten etliches Vorbereitendes in den ›Laudes creaturarum‹ des heiligen Franz von Assisi, mühte und muhte mich dann vor Ort nach Art seines Vogelverstehens frohgesinnt mit den Tieren, die es auch irgendwie zu verstehen suchten, was ich ihnen da vortanzte, mir hin und wieder sogar so etwas wie Gesprächsbereitschaft zublinzelten, und besonders die Kälber waren mir sehr zugetan, sahen in mir wohl schon den seraphischen Vati, der sie dereinst bei den Hausaufgaben stützen würde. Manchmal sprach ich auch einfach mal einen unvermutet deutschen Blödsinn: »Kackeschaufel, Rinderheim, alles tanzt auf einem Bein!« Dann schauten sie schon sehr überrascht und, ich möchte sogar sagen, amüsiert! Dann wieder kam es mir so vor, als würden die mich verarschen!

Unterdessen dämmerte der Tag im Schnee, was gebildete Menschen recht hübsch beflügelt und in geradezu Schlegelsche Verfassung hebt. Also changierte meine Einstellung zum Tier und Tun zwischen barockem Schäfertum mit Brigitte Bardotscher Fimmeligkeit und resignierter Abscheu vor Gestank und Tierhaltung und Mensch mit Cioranscher oder gar Wollschlägerscher Fimmeligkeit. Der Schichtenlehre Aristoteles' oder Nicolai Hartmanns folgend, stand mir das Vieh zwischen Hyle und Nous irgendwie ja nahe, und ich neidete, daß sie der Hyle eben doch näherstanden als ich. Sie litten wohl und kannten die Angst, aber um ihre Sterblichkeit wußten sie nicht. Besser man wäre Pflanze geworden oder Stein. Von mir aus auch Aktentasche.

Als weiteres wurde mir schlagartig klar, daß ich hier im genauesten Sinne des Wortes den cowboy figurierte. Manometer! Ich wieherte! – Zum Entsetzen der Rinder. Ich würde als alter Mann erzählen können, wie ich einmal als cowboy im Wilden Osten gearbeitet hatte!

Weitere verdrossene Erkenntnisse bei der Arbeit: Was den Führungsstil und die Topologie, Architektur, Struktur usw. dieser Großställe angeht, so handelte es sich, egal ob bewußt oder unbewußt, strukturell und genealogisch um die Matrize zu einem Konzentrationslager. So einfach ist das. KZ-Wächter sollen auch vornehmlich aus dem Bauernstande rekrutiert worden sein; sie sind ein unsentimentales, brutales Umgehen mit der Kreatur gewohnt; sie schlachten und reißen unbekümmert Gräser aus. Andererseits werden Kühe wie Eigentum, also besser behandelt. Wie Sklaven. Franz Jung, sonst nun nicht immer der Dollste, hat das mit den Sklaven sehr wohl verstanden: Sie werden als Besitz eben doch besser behandelt als besitzlose Freie. Dieser Gedanke wurde durchs Weihnachtsfernsehen bestärkt: Ich schaute natürlich alles über Landbau und

Viehzucht an, was gesendet wurde, und es lief zufällig was über brasilianische Viehzüchter im dritten Bayernfernsehn. Im Interview erklärte ein katholischer Armenpriester uns europäischen Menschenfreunden, daß es in Brasilien aus Fleischexportgründen annähernd so viele Rinder wie Menschen gebe. Im Unterschied zur menschlichen Bevölkerung sei jedoch kein einziges brasilianisches Rind unterernährt oder obdachlos. Die Geburtenfürsorge und folglich -rate eines brasilianischen Rindviechs rangiere auf skandinavischem Menschenstandard, die der Bevölkerung auf eben brasilianischem. Eine hervorragende medizinische Versorgung sei bei der Viehhaltung selbstverständlich. Das seelische Befinden der Herden sei durch die in Mode gekommene Biermast sonnig wie nie zuvor.

Das alles war einleuchtend, traf aber auf die Ostrinder so nicht zu. Sie litten doch sehr unter dem autoritären Stil der LPG-Belegschaft (die Frauen ausgenommen!) und unter einer gewissen Interesselosigkeit, da sie ja kein Privateigentum, sondern Staatseigentum waren, und folglich die Habgier keinen nutzbringenden Grund fand, den Rindern lieb zu sein.

An Weihnachten also majorisierten nun einmal wir gütigen Kuhkapos aus dem Westen die Ställe der LPG. Wir errichteten über die Feiertage eine üppige Krippenstimmung mit Extraheu und Extrastroh, während sie in Berlin ihr bigottes Weihnachtsfressen veranstalteten, und waren alle zusammen glücklich und zufrieden wie im himmlischen Rindergarten.

Niemals zuvor hatte ich beim Vorsingen an Weihnachten so edel-zarte Zuhörer gewinnen können wie unter den Kühen und Kälbern der LPG ›Florian Geyer‹. Ich gab zwei der ›Kindertotenlieder‹ von Mahler, allerdings ohne Begleitung. Dann auch einiges von Franz Schubert, was so zum Fest paßte: Winterreise, Chor der Freiwilligen.

O je! Kein Kuhauge blieb trocken! Die schlimmen DDR-Jahre, die Blasen an meinen Händen, die grausamen, durch

den irrsinnigen Lamarkisten Lyssenko verursachten Futterengpässe (»Hybridmais als reaktionäre Provokation der Mendelisten-Weismannisten-Morganisten«), der Muskelkater, die Kälte, alles war auf einmal wie weggesungen. Ein gemeinsames Beweinen der Welt, so wie sie war, bei numinosen Gesängen! – Hen pan. Eins ist das All und alles eins! Wie dankbar sah man mich an! Spring an, mein Wüstenkalb aus Alexandria! Ich liebe Euch, Adieu!
Ich kam in die Stadt zurück und erzählte meine Cowboygeschichten, die keiner mehr hören wollte. Der Westen Berlins war mit Besserem beschäftigt. Alles warf sich in hochgreifende Immobilienpläne; die letzten Saftsäcke quatschten von Grundstück und Haus im Osten, während sich die LPG den folgenden Sommer durch eine neuerliche Dürreperiode quälte und christdemokratischen Erlösungsgedanken entgegensann. Den Kühen ging es schlecht.
Da hatte ich eine Heck- und Hortidee, wie man sie nur manchmal hat; ich jedenfalls. Wenn sie Grundstücke wollten, dann verkaufen wir ihnen welche! Die Grafiker Wachtmeister und Krüger zeichneten eine dreifarbige Vorlage, und zwei Wochen später gaben wir die wunderschöne, druckfrische Besitzurkunde für einen Quadratmeter LPG zu fünfundzwanzig Mark heraus! Der Witz war, daß einem der Quadratmeter nicht wirklich gehörte, eben nur die Besitzurkunde. Aber das machte natürlich trotzdem was her damals, wenn Onkel Otto auf seiner Grillparty von Grundbesitz im Osten erzählen und eine Urkunde rumzeigen konnte. Die fünfundzwanzig Mark kamen den Kühen zugute. Als dann allerdings vor der ersten christlichen Volkskammerwahl 1990 auf jeder Kuh und jedem verschissenen Schippchen bei ›Florian Geyer‹ diese CDU-Kleber klebten, waren wir Besserwisser – im besten Sinne, denn wir wußten ja nun wirklich Bescheid – beleidigt und nahmen lieber selber ein. Ich verkaufte etliche von den Dingern. Eine Zeitlang waren alle ganz scharf drauf.

Dann wurde es gröber. Die Aktie fand keiner mehr komisch.
Es wurde ernst. Es war dann auch schon längst 1991.
Die LPG heißt heute auch nicht mehr ›Florian Geyer‹, sondern
irgendwie bauernfriedlich ›Agrargenossenschaft Ranzig‹. Und
dem Betrieb geht es sogar gut! Ich aber wurde wendekrank.

VII.
Oströmische Klassenlotterie

> Haben, als hätte man nicht.
> *1. Korintherbrief 7,29*
>
> Gibt's kein Paradies,
> Gibt's doch Paradiese!
> *Friedr. v. Bodenstedt,*
> *Tausendundein Tag im Orient*

So! Es wurde entschieden, wir fahren jetzt mal nach Polen! Das war noch vor den Danziger Werftenturbationen der ›Solidarnosc‹-Gewerkschaft und anderen an Turnschuhmangel leidenden katholischen Konsumrevolutionären. Das stand alles noch gar nicht an. Polen war noch dunkelgrauer Ostblock. Mirakulös. Man hörte damals nur so Dinge von Polen, die einerseits Verhungernsängste auslösten, andererseits aber eine gewisse vorgreifende Geilheit; es wurden allenthalben extreme Lustbarkeiten geweissagt; man könne als Westmann ab Posen schon mal den Hosenschlitz öffnen, und dann war damals diese Schwarztauscherei im Schwange, die es einem in den weiten plebejischen Ostgebieten erlaubte, überall wie ein manisch kaufkranker Multimillionär aufzutreten. Na, das hörte sich alles gut an!

Aus allen drei Gründen entschlossen sich die zwei damals zureichend verlebten Westmänner und überholungsbedürftigen Freunde, Hilbert und Kapielski, nach Osten aufzubrechen. Hilbert besorgte Campingklappstühle, Klapptisch, zwei Zelte und einen hochexplosiven Kocher. Wir wollten uns vom schweren polnischen Hotelleben in den Masuren beim Zelten erholen und polnische Karpfen grillen.

Dann waren idiotenhafte Formalitäten beim polnischen Konsulat zu erledigen; es war groben Tauschzwängen zu gehorchen, womit die Volksrepublik das gehässige damalige Umrubeln abzudämpfen versuchte. Alles ein wenig schikanös, aber wenn man sich da durchgebissen hatte, durfte man auch einreisen.

Dann beluden wir einen dämlich weißen Opel-Kadett aus dem Stalle Hilbert mit westlichen Konsumartikeln. Ein seltsames Auto. Im Detail, aber sehr freundlich geartet. Als Beifahrer erinnere ich, daß im aufgeklappten Deckel des Handschuhfachs zwar, wie man hätte namentlich erwarten dürfen, Handschuhe eben nicht hervorsprangen, aber es waren dort zwei sehr praktische Getränkehalter eingearbeitet, die wir auch brauchten. Da standen während der Reise die Wodkamischgetränke in ordentlichen Gläsern drin und konnten nicht umkippen. Wer Polens Straßen kennt, weiß das zu schätzen. Man durfte eben nur nicht zu voll schütten. Die Mischung mußte ständig neu angesetzt werden und durfte nicht mehr als die Hälfte des Glases belegen, sonst schwappte der Fanta-Futschi in hohen Bögen bis auf die Schöße unserer ständigen Autostopp-Gäste im Fond.

Prinzip war: Jeder, der in Polen den Finger hob, wurde mitgenommen und mit Futschi verköstigt! Vornehmlich hübsche Damen mit Rucksäcken, die man als nach hinten verrutschte, solitäre Hängebrüste bestaunte. Dann saßen sie hinten und sahen ihre Fanta-Büchsen wie Reliquien aus einer Welt der Leidlosigkeit an und mochten sie gar nicht aufreißen vor Ehrfurcht. Damals konnte man die Büchsen noch aufreißen und den Nippel lässig rausschmeißen, zum Zeugnis gehabten Konsumerlebnisses nach westlicher Lebensart. Also gaben wir unseren Gästen immer noch eine Dose für nach Hause mit und nötigten zum freimütigen Konsum einer anderen, mit Wodka verfeinerten Cola- oder Fantabüchse. Beschenkt saßen die polnischen Kostgänger im Heck und schlürften ihre Longdrinks.

Diese Mischsachen schafften wir bei ›Reichelt‹ in den Kofferraum; Cola und andere niederträchtige kapitalistische Büchsenerzeugnisse speicherten wir im Kofferraum; da wurde vorher groß ›Eierravioli‹, ›Feine Erbsen‹ in der Dose und dergleichen Schwachsinn und Hungerdelir eingekellert.

Damals, am Anfang der siebziger Jahre, waren die Supermärkte im Westen Berlins noch etwas Neues und noch sehr schön leer. Man stand einsam und gut beleuchtet in ehemaligen Kinosälen zwischen den gut sortierten Regalen und hörte so leise, daß man es fast nicht hörte, pastellene Fassungen von Schlagern wie ›Marmor, Stein und Eisen bricht‹ oder ›I'm your Yesterday Man‹ aus dem Hintergrunde heranwehen, damit alles wie frisch beatmet und froh durchblutet wirkte. Das war damals neu! Und sollte das Kaufbegehren der unschlüssig umherirrenden Kunden befeuern und dafür sorgen, daß alles nicht so tot wirkte.

Am Eingang betrachtete man den Einkaufszettel und war willens, diesen forsch auszuführen. Entgeistert aber ließ man sich vom Feuerwerk der Frischobstrabatten im Eingangsbereich bremsen und belud den Warenkorb mit erstem Unfug. Man stellte sich hinter einen Einkaufswagen und schob ihn, einem sanften Sog des hinten winkenden Schinkens folgend, geistlos in den langen Gang an der rechten Seite am Brot- und Kuchensortiment entlang. Links zur Laufrichtung fächerten sich prachtvolle Regale quer zur Laufrichtung. Hier standen die etwas anspruchsvolleren Artikel so, daß man ihnen direkt entgegenlief und nicht groß suchen mußte. Billige Ware wurde im Rücken der Regale gern unten gestapelt. Um die Milch war allerlei Impulsware drapiert, flötend belud man den rollenden Korb mit ›Killefit‹.

Dazwischen schaltete sich ab und zu eine angenehme Frauenstimme ein und wies auf gewisse Preisknüller in der »Frischfleischabteilung mit Wursttheke« hin. Man nahm das ernst damals! Und fuhr sofort hin! Die Eckpfeiler der Verkaufsregale waren mit wechselnden Sonderangeboten umbaut und zogen Interesse auf sich. Egal, ob man die Sonderangebote brauchte oder nicht, man befand sie für günstig und langte zu. Man fand es auch gar nicht anrüchig und nahm gleich drei Dosen ›Mildessa‹-Weinsauerkraut von ›Hengstenberg‹ auf einmal mit! Das hatte es früher nicht gegeben! Früher wäre man nicht auf den Gedanken gekommen und hätte im Einzelhandel dreimal extra ein Pfund loses Sauerkraut aus dem Faß gekauft. Logisch! Da hätte man gleich drei Pfund auf einmal abpacken lassen! Jetzt aber gab man einem technisch reproduzierbaren Campell-Suppeneffekt nach, fühlte modern und kaufte fraktal gestückelt!

Neu waren auch die Tiefkühlschrankwände mit den leckeren Fertiggerichten von ›Iglo‹ oder ›Feinfrost‹, die man vor Einführung der Mikrowelle stundenlang in Wasserbädern auftauen mußte und die einem viel Arbeit abnahmen. Es war die Zeit der stillen Revolution im Einzelhandel.

Für Furore sorgte auch das Aneinanderketten der Einkaufswagen, welche man mit Hilfe eines Markstückes von den ineinandergeschobenen Kameraden befreien und nach gelungenem Einkauf auch dort wieder festmachen und hiermit automatisch wieder an das Markpfand gelangen konnte. Tolle Idee! Zu oft hatten welche die Wagen einfach mit nach Hause geschoben und sie zu Designersesseln umgebaut und sich mit dieser Masche dumm und dämlich verdient! Ein gewisser Stiletto (Künstlername!) machte einen solchen sogar zum Fundament eines beachtlichen Gestalterfortkommens.

Damit wir all diese Neuheiten schluckten, waren damals die Kassen noch übermäßig besetzt; man wurde dort regelrecht heiß erwartet. Schon von ferne winkten einen hübsch verlesene Kassenfräulein in die Quengelzonen ihrer Kassenschlünde mit den elektrischen Laufbändern, wo man seine Sachen draufstellen mußte und die von ihnen mit Hilfe eines Gaspedals auf Touren gebracht werden konnten, damit die aufgelegte Ware

um so rascher in die Plastiktüten der Kundschaft verbracht werden konnte. Das mußten damals noch Mädel sein, die Zahlen lesen und ein wenig Kopfrechnen konnten und deshalb eindeutig hübscher waren als die heutigen, die so was nicht mehr können müssen! Nun war der Bildungsnachschub aus Haupt- und Realschulen damals noch beachtlich, und die selbstaddierende Laser-Kasse mit Codier-Streifen gab es noch nicht. Dennoch kam zu dieser Zeit mein Vater, der immer ein begeisterter Konsument und Werbefernsehgucker gewesen war, mit der völlig veränderten Welt bei ›Spar‹ und ›miniMAL‹ nicht mehr zurecht und verstarb.
(Schnaps und Westzigaretten wurden damals allerdings konsequent und lebhaft von allen Westberlinern im ›Intershop‹ im Westtrakt des S-Bahnhofs Friedrichstraße eingekauft.)
Dann beluden wir den Opel-Kadett mit den Zelten, Luftmatratzen und den Campingmöbeln, darunter zwei schauderöse Klappstühle, eine ausladende Geste und man kippte immer um, und dann kamen die diversen Erlaubnisgenehmigungen und dann kam das Allerschwierigste: Es war noch die DDR zu durchfahren. Ich hatte schon damals als Geograph stets und Alfred-Wegener-mäßig den Kompaß dabei, den ›Bézard‹ im Felde am Hals und zur Kartenarbeit am Meßtisch den ›Eschenbach 6646‹. Er ist etwas heikel; man hält ihn besser bei Zimmertemperatur; wohingegen der ›Bézard‹ bombensicher in die undenkbarsten Witterungen paßt und immer stimmt.
Wir starteten, nachdem ich Polen ausgepeilt hatte, folgerichtig von Berlin-Neukölln aus Richtung Nordosten in Richtung Grenzübergang Elsenstraße, wo uns die Volkspolizisten wie Volksidioten behandelten und anwiesen, daß man gefälligst nach Westen zu fahren habe, um nach Polen zu gelangen. »So!? Nach Westen?« – »Ja. Nach Westen!« – »Polen im Westen?« – »Ja!« Sie glaubten daran wie an ihre Vorgesetzten! Also mußten wir Richtung Westen nach Dreilinden und dann um ganz Berlin herum nach Osten auf Frankfurt/Oder

schwenken; so hatten es sich die kalten Kriegsmützen für uns ausgedacht. »Dreilinden«, so kneipenidyllisch wurde dieser Grenzübergang genannt; dabei war es eine gigantische Kontrollierfabrik mit Fließbändern für Pässe und mit Plastikpiekern für die Benzintanks, mit denen irgendeine resche Nikita mit Kunstpelz-Schapka dort drinnen im Benzin nach Flüchtlingen stocherte. Ein idiotenhafter Betrieb. Und von der Struktur her einer heutigen, unfreundlichen Supermarktkasse mit Schlangestehen und so weiter nicht unähnlich. Bezahlen mußte man auch.

Wir kurbelten die Fenster runter. Eine vom Krebs der Kontrollsucht faltig verhutzelte Visage lauerte auf unser Benehmen: »Aussteigen!« – »Aber wir wollen nach Polen! Hier, in eurer schmucken DDR, hier wollen wir gar nichts!« – »Sie wollen aber hier durch!« – »Na, da haben Sie recht.« – »Na sehn Sie.« – Sie hatten mal wieder recht. Es wurde der komplette Kadett in seine Einzelteile zerlegt. So ging es heiter prosodisch zu damals, und das war die innerte Logik des Deutschdeutschen. Ein einmaliger Versuchsaufbau, der die innere Beschaffenheit unseres Volkes mit all seinen Gemütskonturen zu transmontanster Gedankenakrobatik trieb, daß Hegel im Zwist mit Kant nicht hätte beschwipster wirken können als jener.

Hegel suchte ja auf Grund einer doch ziemlich unvorteilhaften Physiognomie auf Gedeih und Verderb Pfänderspiele, wo ihm nämlich denn doch ab und zu und hin und wieder von holdem Munde ein Küßchen zuteil werden mußte. (»Die Mägde notierten mit Kreidestrichen die Zahl der Küsse, die sie im Nebenzimmer schallen hörten!«) Wir, also ich, bevorzugten übrigens damals zu gleichem Zwecke Flaschenroulettes. Das alles half aber nicht der ärgsten wesentlichen Not ab. Und so, das wissen die wenigsten, soff er sich, der Hegel, mit Viertele in der Tübinger Gorgenwirtschaft so ziemlich auf die Krücken und alt. Hegel, ein Viertelesschlotzer und Tarockzocker! Das

hätte keiner gedacht. Oft kam er erst zu später Stunde ins Stift zurück, wo ihm der verzweifelte Stubenälteste einmal zugerufen haben soll: »O Hegel, Mann, du saufst dir gewiß no dei bißle Verstand vollends ab!«
(Ich kolportiere allerdings einen gewissen Dr. Wolfgang Treher, der sich in ziemlich geisteskranker Weise mit ›Hegels Geisteskrankheit‹ und Neigung zum Trunke befaßt hat und welcher ein erkennbar notorischer Hegelhasser ist und seine dickleibigen Schmähschriften im ›Dr. W. Treher Verlag Emmendingen‹ verlegen muß, weil kein gesunder Verlag einen solchen Querulanten unter Vertrag haben mag! Der Hegel-Zerschmetterer Trendelenburg z. B. hatte wenigstens noch einen schlechthin gerechten Reprint und ordentliche Verlage, die seinen Hegel-Schmäh noch und noch auflegten!)
Mich interessierte jedenfalls, wie sich ein Metaphysiker benimmt, wenn er durch übermäßigen Gebrauch des Weines sich um das von ihm demonstrierte Bewußtsein und um den Gebrauch der von ihm behaupteten sittlichen Freiheit gebracht hat. Das bleibt aber leider etwas unklar. Kant hat so was, aber auch auf ziemlich DDR-hafte Weise zwanghaft uhrwerklerisch, immer vermeiden können. Dr. Treher interessiert sich auch nicht für Kant. Die Zwanghaften werden von den Irren für gewöhnlich verschont.
Die Dreilindener Zollförster beäugten nun erregt die vielen Büchsen, kosteten von der Colgate und zerbrachen sich den Kopf darüber, was es mit mein ›Bac‹ und Hilbert sein ›Bac‹ für eine angelegentlichste Bewandtnis auf sich haben mochte. Das empörte damals die Bevölkerung der DDR: die ›Bac‹-Reklame. Sie guckten doch jeden Fetzen Reklame im Westfernsehn. Bei diesem »Mein Bac – dein Bac«-Spot wurde aber nicht klar, daß es sich um Deoroller für unter die Arme handelte. Auf Betreiben der Bevölkerung der DDR wurde das dann von der Firma ›Schwarzkopf‹ unverzüglich geändert. Also wir erklärten den Zöllnern den ›Bac‹; das nahm sie für

uns ein; sie hörten sehr interessiert zu. Dann durften wir das Auto und alles wieder zusammensetzen. Es blieb wieder irgendein komisches Teil über, und dann waren wir ermahnt, auf vorbestimmtem Wege um Westberlin herum unverzüglich auf Polen zuzufahren.

Das dauerte weniger als eine Stunde. An der polnischen Grenze fand nun wieder etwas Unvorstellbares statt, aber eigentlich nun schon gar nicht mehr so unvorstellbar: Wir wurden wieder von den DDR-Zöllnern auseinandergenommen! Wir befanden uns schon in einem Otto Reuter gleichen Zustande und wunderten uns schon über janüscht mehr. Die ostdeutschen Grenzhüter zerlegten genüßlich den zerzausten Kadett, und nach zwei Stunden blieb wieder ein Teil übrig, von dem sich wieder keiner annähernd vorstellen konnte, wozu es im ordentlichen Betrieb eines Opel-Kadetts zu gebrauchen sein könnte. Aber er fuhr anstandslos weiter.

Auf einer Oderbrücke stauten wir uns erneut, um die polnische Kontrolle zu erwarten. Und die fand nun gar nicht statt! Die fuchtelten uns angewidert durch. Stolze, faule Beamte. Das war eigentlich schon eine gute Sache, ein Zeichen. Wie es dann noch eines in Tschenstochau gab, wo ich im Kloster vom Orden des heiligen Paul des Eremiten das wundertätige Marienbild betrachtete, ein an sich sehr unscheinbares, schwarzbraunes Bild byzantinischen Ursprungs, auf Zypressenholz gemalt, welches aber blutete, wenn man unten Westmark reinsteckte!

Von Polen gibt es nun leider sonst nicht viel zu berichten. Man machte eben, was man so macht. Man fuhr, da man nun mal ein Auto dabeihatte, den ganzen Tag Auto. Zu essen gab es überall Tomatensuppe, von Danzig bis Zakopane, ob Hotel oder Kneipe, überall gab es diese ›Pomidorowy‹ oder so ähnlich. Sonst gab es nicht sehr viel.

In Danzig wurden wir auf beachtliche Weise von einem polnischen Autolykos (die heute auf Autos spezialisiert sind!) beim Geldtausch übers Ohr gehauen. Alle Achtung! Sehr guter Trick! In Tschenstochau kroch ich mal probehalber einige Meter auf Knien mit und steckte fünf Markstücke in den Bluter. Die Kirchen waren überall und immer voll; die Männer auch. Und ich hatte noch niemals zuvor Arbeiter beten gesehen. Das war komisch, wenn sich die Arbeiter nach der Arbeit katholisch benahmen und eine unbezahlte Überstunde lang in die Kirche setzten. Andererseits fand auch ich zunehmend Gefallen daran. Gegen Reiseende nahm auch ich in allen Kirchen das Weihwasser und gab stille Wünsche und Fürbitten bekannt.

Als sensationell erwies sich mein polnischer Nachname. Man betrat einen Konsum auf dem Lande. Am Auto hatte man uns bereits als Westdeutsche ausgemacht. Ostdeutsche mochte man nicht so. Dann trat für gewöhnlich ein älterer Herr mit allerbesten Manieren auf einen zu und stellte sich vor: »Guten Tak, mein Name ist Lech Lutschinski. Was winschen Sie bitte?« Woraufhin ich ebenso höflich »Guten Tag!« auf polnisch sprach und die Behauptung in den Konsum stellte, mein Name sei »Thomas Kapielski, und ich wünsche eine gute

Flasche polnischen Wodka!« Woraufhin der ganzen Dorfschar eine Übersetzung meiner Auskunft zuteil wurde, welche immer mit viel »A!«, »O!«, »Kapielski!« und »Wodka!« bejubelt wurde. Dann bildete sich immer eine gehörige Schneise ans Wodkaregal, wo wir von den dorfältesten Trinkern könnerhaft beraten wurden. Damals mochte die Warenvielfalt in Polen nicht gerade sehr groß gewesen sein, Wodka aber war immer reichlich und überall vorhanden. Es gab ihn in allen Preisklassen und sogar mit Finessen und Beigaben, wie Büffelgrashalm oder Pfefferschote.

Bei anderer Gelegenheit erfuhr ich dann auch um das Geheimnis meines geheimnisvollen Namens. Ein freundlicher Herr Magiera erklärte mir zunächst das Suffix ›-ski‹; es habe die Bedeutung eines ›von‹, allerdings nicht mit gar so arg aristokratischer Betonung wie im Deutschen; es bezeichnet eher die Herkunft und weist allenfalls auf niederen Landadel hin. Und diese durch ›-ski‹ bezeichnete Herkunft müsse, so Herr Magiera, ein Ort namens Kapiel sein, was im übrigen soviel wie ›Bad‹ oder ›Badezimmer‹ bedeute. Kapielski hieße also in etwa: ›Der vom Badezimmer‹, und Herr Magiera schickte mir eine Karte, wo dann im ehemaligen Wartegau auch ein Kaff namens Kapiel im Dreieck Posen, Konin, Gnesen rot umrundet war. (Bernd Kramer nennt mich nun bisweilen ›Thomas vom Klo‹; meint es aber gut und mehr in Hinblick auf meinen Namensvetter aus Aquino und auch nur, wenn ich im ›Blauen Affen‹ gerade vom Klo komme, was allerdings öfter passiert.)

Nachdem mir diese etymologische Erleuchtung zuteil geworden war, überlegte ich lange, ob ich mal hinfahren sollte und was mich dort wohl erwarten würde. Eine Einwohnerschaft, die komplett mit meiner Kopfform ausgestattet sein würde? Lauter Kapieler, die mich als ihren reichen Onkel aus Amerika annehmen und mir hinfort noch und noch Gegenbesuche abstatten würden? Oder ein Notar und Treuhänder, der mir nun endlich meine polnischen Liegenschaften würde überschreiben können? Eine Gutsherrschaft derer vom Klosette? O je! Ein genealogischer Schauder verhinderte bislang die Reise nach Kapiel. Man muß nicht alles wissen. Man muß nicht überallhin.

Wir saßen täglich wenigstens sechs Stunden im Kadett und rollten. In Ostpreußen bestiegen wir das Alkgebirge (110 Meter). In den Masuren war es langweilig. Wir lagen nebeneinander in unseren zwei Ein-Mann-Zelten (vollständige ›Hilbert-Räume‹) und unterhielten uns von Zelt zu Zelt. Von außen müssen die zwei ins Gespräch vertieften Zelte komisch gewirkt haben. Es sah aber keiner, was wieder die Frage aufwarf, ob die Dinge da sind, wenn sie keiner wahrnimmt. Als erstes so viel: Uns nahm keiner wahr, aber wir waren da. Wenn man schlief, wußte man das aber nicht. Da wußte man nicht, daß man da war; nur hinterher würde man es wieder gewußt haben. Was aber, wenn es einmal kein Hinterher mehr gibt? Dann wissen zumindest die anderen eine Weile, daß man da war. Auch wenn man nichts davon hat, ist es doch ein angenehmes Gefühl, daß alles wenigstens ein wenig nachklingt. Insgesamt aber begreife ich nicht, was das nun alles soll: dieser merkwürdige, einmalige Lebeauftritt.

Am Sonntag vormittag verließen wir die Masuren in Richtung auf das nächste Dorf. Es war besser, die Menschheit wußte, daß wir da waren. Auf den Böschungen an der Dorfeinfahrt lagen überall Schnapsleichen herum, die keiner Wahrnehmung mehr fähig waren, aber offensichtlich doch da waren! In der Dorfschenke waren restlos alle, ein katholischer Pfarrer mit eingeschlossen, in übelster Weise betrunken! Ein fast ohnmächtiger Kellner überbrachte einem nicht mehr gehfähigen Koch unsere Bestellung einiger Spiegeleier mit Tomatensuppe. Der Koch hielt sich mit der Linken am Griff eines Schubfachs fest, welches manchmal schon bedenklich weit hervorragte, woraufhin er immer einen Ausgleichschritt nach

vorn machte und der Besteckkasten mit Karacho in sein Schubfach zurückschepperte, währenddessen er mit der Rechten auf beeindruckende Weise zwei asymmetrische Portionen Spiegeleier schuf und sie einmal sogar mit der Pfanne zu einem Looping hinauf in die Luft jagte und sie damit auch halbwegs unbeschädigt wieder auffing.

Mehr ist über Polen nicht zu berichten. Außer, daß ich auf musikalischer Dienstreise 1996 noch mal in Warschau und Krakau war. Wo sich wieder herausstellte, daß es früher schöner war. Und heute besser. Dazu mußte man sich an Sachen erinnern, die über zwanzig Jahre zurücklagen und die die ganze Zeit über auch ohne mich dagewesen waren, die aber im Zeitlauf, der eine entscheidende Eigenschaft des Seins zu sein scheint, doch ziemliche Veränderung erfahren hatten. Also stand ich ständig staunend herum und äußerte Triviales: »Mensch Hilbert, hier war ick schon mal jewesen! Es war aber damals irgendwie anders hier.« – »Ja, wie denn?« fragte Hilbert immer wieder geduldig. – »Ja, schon schöner, aber heute ist es hier irgendwie besser, angenehmer und so.« Und genauso war es auch!

Dann, vor über zwanzig Jahren ein Jahr später: »Mein Gott,

man müßte doch einmal auch in die glorreiche Sowjetunion und nach Moskau reisen!« Dieser Einfall wurde für gut befunden und umgesetzt. Dieses Mal reisten vier Herren mit dem Reiseveranstalter ›Dr. Tigges‹ und dem Flugzeug im Winter nach Moskau. Einer dieser Herren, Wolfgang Mentzke, hatte als hoffnungsvoller Jungkommunist bereits auch ein Jahr im Rahmen einer dauerhaften Rotlichtbestrahlung und Partisanenausbildung in Moskau an der dortigen ›Lumumba-Schule‹ verbracht und kannte alle dort bestallten Zecher und Schlitzohren.
Davon standen auch zwei am Flughafen und begrüßten uns mit Krimsekt. Der eine, Wassili, war einstmals Dolmetscher eines gewissen, in der DDR akkreditierten ›Abrassimow‹ gewesen, bei welchem sich Erich Honecker täglich die Weisungen der Woche einholte. Wegen übermäßigen Trunkes und sonstiger Unregelmäßigkeiten wurde dieser Wassili an die ›Lumumba-Schule‹ strafversetzt und war so in den Bekanntenkreis unseres Genossen Wolfgang Mentzke gerutscht. Und nun auch in den unsrigen. Er wurde von einem etwas dunklen Zwei-Meter-Mann namens Stass begleitet, welcher den ›Lada‹ chauffierte und angeblich Bauingenieur war und welcher uns auf Betreiben Wassilis ständig Nutten besorgte, aus Dankbarkeit dafür, daß wir ihm diverse Artikel, Ferkelhefte, Stöhnkassetten, Frömse mit Widerhaken usw. von Beate Uhse mitgebracht hatten. Er trieb Handel damit und war wohl überhaupt rege im Sexualsektor tätig.
Aus Ordnungsgründen mußten einige Stunden des Tages im Hotel ›Rossija‹ bei der Westberliner Reisegruppe verbracht werden. Mit dieser offiziellen Reisemeute zogen wir auch einmal in den Kreml und sahen uns die Bilder von Andrej Rubljow an. Sehr schön! Dann holten uns Wassili und Stass ab und zogen uns weg ins Nachtleben zu den Nutten, die der obskure Bauingenieur wieder aufgetrieben hatte. Man ging allmählich auf Krücken, tat aber so, als täte man es nicht.

Eines Abends wurden wir von einem empfänglichen Oberkellner, welcher an Deutschkenntnissen nur »Hühnerficker« wußte, zu einer Großhochzeit in den Festsaal des Hotels gesteckt und auf Rechnung eines uns unbekannt gebliebenen Schwiegervaters frei beköstigt. Ein hochdekorierter Kadett ehelichte ein stämmiges Weib aus einer hochdekorierten Offiziersfamilie. Wir waren die einzigen unter der bald fünfhundert Gäste zählenden Hochzeitsgesellschaft, die keine Uniform und keinerlei Orden trugen. Es schien jedoch keinem, außer uns, aufzufallen. Im Gegenteil! Man tanzte ständig mit Frauen, die alle wie Madame Chruschtschowa aussahen und Herz bewiesen. Dann kam der Oberkellner wieder vorbei, grinste, sagte sein »Hühnerficker« und stellte eine neuerliche Flasche Wodka auf. Dann aß man wieder einen Happen Räucherfisch und unterhielt sich angeregt mit hochdekorierten Generälen auf russisch; obwohl man kein Russisch konnte, wurde man verstanden und verstand auch die Feldherren auf russisch wundersam fließend.

Eines Nachts waren wir in Schneenot geraten und wurden von einem sowjetischen Seemann gerettet. Wir hatten nach einem auswärts gelegenen Diskothekenbesuch ohne ›Lada‹ lethargisch in Schneehaufen gewartet und keine Hoffnung mehr gehabt. Dann kam eine Vision in Gestalt eines sowjetischen Matrosen in weißer Ausgehuniform vorbei. Er selbst rollte von einem Gaststättenbesuch heim, nahm uns mit in sein beheiztes Nachhause und beköstigte uns mit Bouletten und Wodka und rief einen Bekannten, der uns mit einem Schneeschieber, den man nur über eine Leiter besteigen konnte, so groß war das Ding, zurück ins riesengroße Hotel ›Rossija‹ brachte. Man irrte ständig durch diesen unvorstellbaren Hotelgroßbau und suchte unablässig nach den verstreuten Einzelzimmern und den zwei ›Wodka-Juice-Bars‹.

Dann haute mir gegen Morgen eine Hotelnutte finnischer Abkunft im Aufzug die Brille entzwei, weil ich das finnische Wort

›kürpa‹ an ihr erprobt hatte; ein explizit performativer Hieb aus der Sprechakttheorie und Kommunikationsdesign wurden mir zuteil. Ein illokutiver Schwinger. Was man bei Searle nicht begriffen hatte, war nun explizit performativ klar.

Am folgenden Nachmittag führte mich eine unserer netten Nutten durch Moskaus Optikerfachgeschäfte. Man war willens, den Brillenbügel zu schweißen, mir konnte jedoch auf der Stelle nicht geholfen werden; es hätte ein paar Tage Zeit gebraucht, gewisse Dinge zu besorgen. Man war dennoch voller Dankbarkeit zueinander und trank allerorten Tee und besiegelte deutsch-sowjetische Freundschaften mit jeweils hundert Gramm Wodka. Ein schöner Tag in Moskau, den wir unter dicken Pelzmützen bei verschwommenen Optikern verschlenderten und aus den Nüstern dampften, ohne immer nur an Geschlechtsakt denken zu müssen. Gleichwohl war man sich lieb, und die Verständigung war leicht, weil sie schwierig war.

Am ersten Februar fand der Abflug statt. Wir machten Winkewinke aus Wintermänteln, und unsere Geliebten heulten Senken in den Schnee. Man hatte sich aneinander gewöhnt. Traurig betrat man das Flugzeug und fror an den Ohren. Dann tranken wir Wein aus Odessa, einen Sherry aus Sewastopol und gurgelten einen Wodka aus dem Moskauer Kiosk am Kreml weg, daß sich das Bordpersonal wunderte.

Als wir abends zu viert unser Stammlokal betraten, wunderten sich dort auch alle, weil wir diese komischen Mitbringsel und Schiwago-Pelzmützen aufhatten, was in Moskau überhaupt nicht aufgefallen war, hier aber für tobenden Schmäh sorgte.

Das war 1977, als im deutschen Lotto genau die gleichen Zahlen kamen wie eine Woche vorher im holländischen Lotto. Dabei stellte sich heraus, daß im Grenzgebiet zu Holland viele deutsche Lottospieler ständig die Zahlen der vorigen Ziehung des holländischen Lotto verwenden, und das ist Unfug, denn für sechs Richtige bekam man damals billige 30 000 Mark Hauptgewinn. Und wird man auch nächstesmal nicht mehr bekommen. Obwohl es ein Wunder ist. Aber warum soll der Herr Lotto auszahlen, wenn er wohlfeil Wunder machen kann?

VIII.
Weißgottwarum

man fängt am montag sehr traditionell an
mit »spiegel« als premiere der woche.
Husen Ciawi, das gehirn ist selbst ein arsch-loch

Mine, Mine, Schekel und halbe Minen.
Daniel 5,25

Mir ist's nicht um tausend Welten
Aber um dein Wort zu tun!
Nikol. Ludw. Graf v. Zinzendorf,
Kirchliche Lieder

Im Osten besaß die Familie Kapielski eine Tante Inge und den verhängnisvollen Onkel Orje von vorhin, der mit der ›Bismarckquelle‹ aus dem Westen. Sie wollten dann 1961 eigentlich auch flüchten, waren aber zu blöd, haben alles verpennt. Die blieben dann doch lieber in ihrer Bude in Johannisthal hocken und sagten sich : »Ditte wird schon wern, wa, Inge?« – »Klar, Orje! Ditte wird schon!« – Später wurde es dann ja auch.

Bis zum Mauerbau fuhren wir ab und an sonntags über das elende Ostkreuz in die Sowjetzone nach Berlin-Johannisthal rüber und fraßen dann bei Onkel Orje und Tante Inge selbergemachte Karnickel zu Mittag. Angst essen Hasen auf: Draußen im Garten hockten die blöden Karnickel mit ihren Fischaugen gestapelt in diesen Schuhkartons aus Obstkisten mit Maschendraht vorne dran, fraßen Strohhalme und sahen uns beim Fressen ihrer Artgenossen zu, während wir drinnen saßen, im großen Schuhkarton, in so einer üblen Neubauwohnung nach sowjetischem Vorbild, und halbgare, zadderige Karnickel fraßen, an Sehnen zerrten und die Ställe im Hof

fixierten, während ebenfalls draußen, aber nach vorne raus, die Straßenbahn um die Ecke quietschte und drinnen wieder Onkel Orje während des Essens sein kaninchenzüchtermäßiges Ekelprogramm vortrug: »Die Zippe is jedeckt; der Rammler wird jeschlacht, Ede!« – das war mein Vater – »Ede! Bald kommta wieda uff Besuch uff Kanickelbraten, wa?!« – »Nee, Orje, nächstemal bring wa Corned beef vom Ami mit!«
Da leuchtete Orje auf. Er hatte die Gier auf Westprodukte, war kleinwüchsig, darüber hinaus verhutzelt, ein wenig selber schon karnickelgesichtig und hatte eine ständig in die nächsthöhere Oktave umschlagende Fistelstimme. Wenn er beim vierfach gestrichenen a angekommen war, mußte er eine Pause einlegen und fistelte dann im Grundfistelbereich beim einfach gestrichenen a wieder los: »Die Zippe, der Bock, das Omo! Die Böcklunderwürstchen, der Philadelphiakäse, die Bismarckquelle!«
Dann zogen sie den Konjak hervor und alle gemeinsam über die Russen her. Dann machte Orje mit seinem Fisteldiskant und mäßigen Sächsischkenntnissen Walter Ulbricht nach, wobei Walter Ulbricht unsern Onkel Orje wahrscheinlich besser hätte nachmachen können als er ihn, und mein Alter zog dann nach altem Ritual, die Damen rollten bereits mit den Augen, man kannte den Schwachsinn seit Asbach uralt, da zog olle Ede seinen Kamm aus der Gesäßtasche, kämmte sich einen Hitlerscheitel in die Stirn, setzte ein Kammende unter die Nase aufs Philtrum, machte den ›Deutschen Gruß‹ und brüllte: »Mein Kamm!!! So groß war der Führer!!« Als ehedemischer Kommunist, der in Sachsenhausen gequält worden war, durfte er das hier drinnen, währenddessen wir Kinder die Karnickel draußen in ihren Einzelzellen mit Strohhalmen durch den Maschendraht hindurch piesackten und zu stänkern anfingen.
Bei den Erwachsenen gab es noch historischen Konsens, aber zwischen den Ost- und Westkindern hatten sich erste Differen-

zen gebildet, kam es zu Kloppereien, etwa über die Frage, ob die russischen Atomraketen den amerikanischen überlegen seien. Wir hätten es zu gern auf eine Probe ankommen lassen. Drinnen jodelte derweil Onkel Orje seine Rezepte für Halbgares ab. Dabei schmeckte er gar nichts! Er hatte Konditor gelernt und während der Lehre, während einer Hungersnot in den zwanziger Jahren, einmal einen ziemlichen Eiskübel leerfressen dürfen. Das tat er so gierig, daß er fast an einer Unterkühlung der Stirnhöhlen und Vereisung gewisser Hirnpartien verreckt wäre. Auf jeden Fall hatte der Frost ihm die Geschmacksknospen und die tieferen Stimmlagen weggeätzt. Er konnte fortan nichts mehr schmecken und riechen und wurde bei den Johannisthaler Sängerknaben exmittiert. Letzteres tat keinen Schaden, aber dieser Mann arbeitete nun anschließend fast fünfzig Jahre als Bäcker und Konditor im Dienste der DDR: und schmeckte nichts! Wer allerdings gewisse Bäckereien und Konditoreien der DDR kannte, der kannte allerdings auch ihn! So folgte er aus Not beim Backen und Tortenbau animalischen Vermutungen und alten Rezepten. Und deshalb war sein Hobby auch Karnickelzucht und das spezielle Halbgarschmoren derselben, Sonntag für Sonntag.

Dieser Mensch war ein schlichter Mensch, dennoch ein zäher Überleber. Die Tatsache, daß man da ist, beweist sowieso nur, daß man das vorläufige Schlußlicht einer Reihe zäher, durchsetzungsfähiger Arschlöcher ist, die, vom Deppen Adam geführt, über den Totschläger Kain und alle folgenden zu lebenslänglich Verurteilten bis hin zu mir und Orje reicht. Wobei es so ausschaut, als wäre Schluß bei mir, während Orje ein Rudel schielender Fortsetzer zeugte, welche selbst zähe Zeuger sind und auch zeugen.

Wir hatten ihn dann nach 1961 jahrelang nicht mehr gesehen. »Gott sei Dank!« sagte mein Alter und starb in Frieden. Dann tauchte Orje wieder regelmäßig bei meiner Mutter auf, als es die DDR ihren Rentnern erlaubte, frei in den Westen zu reisen. Da räumte er einmal im Jahr sein Begrüßungsgeld beim Bezirksamt Neukölln ab, fuhr zu meiner Mutter nach Neukölln-Buckow runter und kaute ihr so lange die Ohren ab, bis sie spitzkriegte, daß sie sich mit fünfzig Mark und einem Pfund ›Jacobs Krönung‹ freikaufen konnte. Fortan übergab sie ihm immer gleich an der Tür das Schutzgeld und das Päckchen ungemahlenen ›Tchibo‹. Onkel Orje war auch ganz froh über dieses quicke Prozedere, weil er im Laufe seiner Eintagesfahrten möglichst viele bekannte und verwandte Westadressen abklappern wollte, und dann mußte er ja zum Schluß auch noch riesige Wunschzettel bei ›Aldi‹, ›Karstadt‹, KaDeWe und sonstwo abhaken und endlich alles in Koffer und auf Einkaufskarren rüber in die Zone zerren.

Es hieß, daß sie ihn dann auf der anderen Seite, Grenzübergang Sonnenallee, immer schon sehnsüchtig erwarteten. Dort setzte die feine Verwandtschaft unsern Onkel gleich, fix und fertig wie er war, in eine Kaschemme am Bahnhof, wo sie sich alle auf die Westwaren stürzten, während sie ihn besoffen machten, damit sie ihm die verbliebene Westkohle besser aus der Brieftasche fleddern konnten. Er genoß diese Zuwendungen und erzählte gern davon. Die Ostrentner kosteten ihre damaligen Privilegien bis auf die Neige aus. Im 21. Jahrhundert wird es wohl nirgendwo wieder zu so viel Respekt und Ehrfurcht den Alten gegenüber kommen wie damals in der Deutschen Demokratischen Rentnerrepublik.

Dieser langjährige Status als Konsumbevollmächtigter für Westware hatte bei ihm dann allerdings auch bleibende Schäden hinterlassen. Oheim Orje lehnte bis zu seinem Tode den Verzehr, den Verbrauch, ja, die Berührung mit Ostprodukten jeder Art prinzipiell ab. Zum Schluß, als er schon sehr niederlag, mußte Tante Inge ihm sogar Westselters und Westleitungswasser, abgefüllt in ›Contrex‹-Flaschen, in den Osten rüberschaffen, damit sie ihn mal abseifen konnte. Sie schummelte, was sie konnte, und er verstarb dann 1988, ein Jahr vor der endgültigen Befreiung von Ostprodukten, nach dem unerlaubten Genuß einer Tasse ›Aldi Gold‹-Bohnenkaffees am Schlag. Da Onkel Orje meine Mutter, genauso wie ich, immer nur etwa alle drei Monate und unangemeldet auf eine Viertelstunde besuchte, trafen wir uns während dieser Jahre nur einmal, ganz zufällig, kurz vor seinem Tode, im Frühjahr 1988. Zwar hatte er Jahre vorher auch bei mir in der Hermannstraße versucht, seinen regelmäßigen Fuffi und sein halbes Pflichtpfund zu schnorren. Da ich ihn jedoch an der Tür sehr übernächtigt und unwirsch für einen Zeugen Jehovas gehalten und ziemlich satanisch fortgescheucht hatte, mied er mich fortan.

Nun saßen wir also bei Mutti plötzlich und unvermutet beisammen, schlürften ein wenig entkoffinierten ›Jacobs Krönung‹ und kamen ins Gespräch. Ick staunte nur so, was er alles zu berichten hatte! Es gab einen seltsamen, mir bislang verborgen gebliebenen Reiseverkehr zwischen Ost und West, und die Rentner spielten dabei eine komisch-tragisch tragende Rolle.

Unterdessen war ich Künstler geworden. Auch komisch, aber schön! Ich hatte damals gleich eine Ausstellung bei Petersen haben dürfen. Nun, auf diese Eröffnung kam auch ein junger, freundlicher Mann und stellte sich vor: »Guten Tag, Kapielski, mein Name ist Hallig Hooge.« – »Wie bitte? – Ach so: Helmut Höge!« Da hatte ich nun Helmut Höge kennengelernt und wußte das aber gar nicht, weil ich nicht aufgepaßt hatte. Man ist furchtbar unkonzentriert, hoch verschluckt und folglich unhöflich auf diesen Eigeneröffnungen und versteht immer nur Hallig Hooge. Dabei wußte ich schon von Helmut Höge; ich kannte ihn. Man kannte doch damals als Eingeweihter das ›Neue lote Folum‹ und wußte, daß es von ihm ist, weil er sich einige Mühe gab, dies geheimzuhalten. Man konnte sogar sagen, man kannte ihn, oder jedenfalls seine Sachen, die kannte man!

Etwas später, anläßlich einer Nüchternheit, traf ich Helmut Höge noch mal, und nun wußte ich und konnte mir merken: Aha, das also ist der Mann vom Vogelsberg mit dem ›Neuen loten Folum‹ und dem Pferd auf Wanderschaft und der Pseudonymgrille und allet ditte, was man so von ihm wußte. Nun also war mir fortan ein neuer freundlicher Mensch und Freund zugewachsen, mit dem man gern redete und gern zu tun hatte. Es war der heitere Herbst 1986. Meine künstlerische Küchenepiphanie und die pneumatischen Wochen hatten aber schon Herbst 1985 stattgefunden und zur Ausstellung bei Petersen geführt; egal, es steht alles etwas anders und ausführlicher in ›Nach Einbruch der Nüchternheit‹ (Wiens Verlag Berlin) geschrieben.
Helmut tauchte immer mit Sabine Vogel auf. Ein gutes Duo; das paßte. Sie saßen in der Muskauer Straße am Ausziehtisch und tippten nach späten und ausgiebigen Frühstücken wie die Manischen vom Berge Texte für die ›taz‹. Vogel machte in Kulturangelegenheiten, und Höge hatte man eine Spinnerseite gegeben, wo der mehr freischaffende Teil der Taz-Mischpoke machen durfte, die ›fakes‹ und Beleidigungen und Rempe-

leien. Das war damals eine sogenannte »letzte Seite«, das war eine, wo man rumfummeln konnte, so ein Chemiebaukasten mit Versuch und Horror. Nicht so ein fatal konfektionierter Schwachsinn zwischen Hanf im Glück und Gurke des Tages, wie ihn der Bröckers dann, nach den Säuberungen im Herbst 1988, professionell gutlaunig weitertrieb, sondern durchaus von Wirksamkeit mit Komik und Aha-Effekten.
Eines Tages, ich hatte schon Bücher gemacht und immer so ulkige Geschichten überall erzählt, da kamen die angeeiert, Höge, Vogel, und: »Mensch Kapielski, nu mach doch mal was für unsere tolle ›taz‹!« Ich konnte ihnen das nicht ausschlagen; beide sind schwer in Ordnung, und ich sage immer lieber ja als nö.
Zum Schreiben für Zeitungen, also für Geld kam ich aber durch Christel Dormagen. Die war seinerzeit mal halbjährige Kulturredaktörin bei ›Konkret‹ in Hamburg gewesen. Sie hatten da so ein Halbjahreskonzept, dann Wechsel, Rotation, eine neue Christel und eine neue (aber korrekte!) Kultur: alle halbe Jahre. In diesem ihrem halben Jahr kam sie dann über verschlungene Wege an mich. Es wurde gut gezahlt, ich war bedürftig, und so bin ich eingestiegen ins Pressegeschäft mit einem Artikel über den ›Scheißladen‹ vom einzig wahren Heino am Kreuzberg damals. Später gab's ja in allen Zeitungen, ›Stern‹, ›Bunte‹, ›Spiegel‹, eben die ganze träge Flußmitte, auch Heino-Artikel, meiner war aber der erste! Ich kannte die Scheißkrämer ja gut, war Kunde.
Gut, unser einzig wahrer Heino hatte dann seinen Spaß und seine Berühmtheit gehabt, aber der Gewinner blieb doch letztlich der echte alte Heino, weil er die Heino-Parodie selbst parodiert hat und so von neuem die Geldbeutel der Jugend schneiden durfte. Der echte alte war doch bis dahin schon mumifiziert gewesen. Und wahrscheinlich ist er nicht mal selber draufgekommen, daß die moderne HipHop-Heino-Version aus Kreuzberg seine Reinkarnation bewirken würde. Irgend-

ein oller Vermarkter wird ihm das gesteckt haben, daß er sich nicht ärgern soll, sondern absorbieren. Wenn man genau liest, dann habe ich das geahnt. Eine scharfe Analyse, mein erstes Stickel. Das ging gut los, ich bekam eine Zwei plus, tausend Mark und wurde erneut gebeten. Also was willst du mehr? So ein Sunnyboy war ich. Und nun ging das bei ›Konkret‹ ohne Verfehlungen und Entgleisungen andante durchs Dormagensche Halbjahr.

Und dann kamen Sabine Vogel und Helmut Höge für die ›taz‹. Die Begegnung kam zustande, weil sie ständig Stoff brauchten für ihre tägliche Dauerwurst, und ich war plötzlich stoffwürdig. Sie dachten, wir machen mal am Anfang ein Interview mit dem Künstler. Ham wir uns bei Höge-Vogel getroffen, gesessen und es lief ein ›Sony‹ nebenher. Der Plauder kam auf. Das Geplauder wurde gedruckt.

Ich lief runter und kaufte mir mal so eine komische ›taz‹. So, so! Es handelte sich im Prinzip um eine zwiespältige Angelegenheit. Sagen wir mal so: Im vorderen Teil sind die Gerechten am Werk. Da kommen die Nachrichten aus dem Fernsehn von vor vier Tagen noch mal, aber auf eine moralisch wertende Art, entweder mit flennendem Unterton oder so neckisch für- und aberwitzig und auch mit viel Zeigefinger. Wenn man das einen Monat jeden Tag liest, kann man das nachmachen; es ist eine schlichte Denkweise, ein triviales Textverarbeitungsmaschinchen, wo das, was in der Welt so passiert, schripp schrapp, durchgejätet wird und dann alles hübsch auf die Lichterkette gereiht: von Bohrloch bis Schweinepest und Gentomate. Und anstatt Emanzipation schreiben sie lieber Efrauzipation, solche neckischen Genus-Irritationen ziehen sich zäh durch die Geschichten des Heftchens. Na ja, irgendwie schleppt sich natürlich die gesamte Presse hinter den Ereignissen her, die par fortune ins Hochgewichtige forciert werden. Dann wird ausgewrungen, bis was Besseres kommt. Dahinter steht bei allen Blättern drohend die Auflagenzahl. Bei der ›taz‹

genauso: und gleich neben die Bequerelle-Tabelle pinnen sie die Abo-Kurve, weil beide korrelieren, und da hängen schließlich Arbeitsplätze dran, und deshalb muß so ein Blatt seine Leser mit hochgekitzeltem Sensationszeug füttern. Moralzeug eignet sich dafür immer besonders. Und wenn ein Atomkraftwerk in die Luft fliegt, dann ist das für die ›taz‹ eine Fügung: Wir haben es immer schon gewußt, und die Auflage steigt proportional mit der Angst im Lande. In mancher Hinsicht hat da die ›taz‹ unsere Presse mehr verändert als olle Springer. Denn inzwischen arbeiten sie jetzt alle so.
Am Hinterteil der ›taz‹ war nun aber alles ganz anders; da gab es den Droste und eine Schar kecker junger Menschen und Spaßgorillas. Sie belatscherten mich und versprachen mir, im Bereich ›letzte Seite‹ und ›Berlinkultur‹ bei niedrigstem Salär voll auspacken zu dürfen. Vogel war für Kunst und Kultur redaktionell zuständig und ich der hämische Künstler, der als Seiteneinsteiger vom Rand aus seine Betrachtungen anstellte. Da lag es nahe, daß ich als Späher und Undercoverkünstler übers Gewerbe herzog: »Kapielski, mach mal was über die Arschlöcher im Kunstkäse und was sie für Scheiße basteln. Und dresch ruhig druff! Wir bringen dis.«
Gut, ich bekam ein Dokument von Sabine Vogel, wo draufstand, daß ich machen kann, was ich will und wie ich dis will. Und ich wollte dis schriftlich haben; mehr aus Daffke. Ich habe den Zettel, der nichts nutzte, gerahmt an der Wand dröhnen, zum Zeitzeugnis auf die Gebrechen der Pressfreiheit und einiger sonstiger Merkwürdigkeiten. Für die Sabine Vogel nichts konnte, im Gegenteil. Sie war jemand, der das ernst meinte und nicht nur meinte. Als wir später als enttarnte Kryptofaschisten aus der ›taz‹ flogen, stellte sie sich tapfer wie der alte Hus vor ihre häretischen Lohnschreiber und nahm lieber das Berufsverbot hin als die Beschädigung der Pressfreiheit. Was andere Arschlöcher sich nicht getrauten; die krochen kleinlaut zurück unter den Kommune-eins-Tisch in

der ›taz‹-Kantine, weil sie wußten, was auch die Vogel wußte und in Kauf nahm: daß man von der ganzen Branche feig gemieden wurde und für ein paar Jahre unter stummem Einvernehmnis aller besoldeten Schmocks in Quarantäne gehalten wurde.

Man hätte es eigentlich ahnen müssen. Es ist das einzige, was ich mir vorwerfe; ›gaskammervoll‹ würde ich jederzeit wieder schreiben, weil es gaskammervoll war, damals! Diese Scheißdiskothek in dem Laden in der Straße, aus der sie die jüdischen Miederwarenhändler vertrieben hatten, war für mich verflucht gaskammervoll an diesem Abend, als mich Höge dazu überredete, zwecks Berichterstattung da reinzugehen. Ich habe es gesehen, gerochen und verstanden und ordentlich Bericht erstattet! Und wer mir einen Strick daraus drehen will, ich hätte etwas für volle Gaskammern übrig, der versteht eben gar nichts.

Es war dann ein Graus, wie sich linke Deppen im Jahre 1988 plötzlich vermittelst eines typischen Opferrituals das Gewissen reinigten, indem sie ein paar Leute aus den Ämtern jagten, die allgemeine Selbstkontrolle stärkten, eine runderneuerte Sprachpolizei befestigten und sich einen Scheiß darum kümmerten, daß damals schon wieder Neger verhauen wurden, sofern man sie nicht Neger nannte. Sie waren eben selbst Jäger und in Sorge um ihre Rassistenreinheit verbrämte Fouché-Typen. Eigentlich aber laue Luschen, die sich nun als schäumende Trauer- und Sozialarbeiter auf uns arme Amalekiter stürzten.

Ich habe so meine Wahnvorstellungen, und die haben so ihre Gründe und Abgründe und für mich eine Wahrhaftigkeit. Die zu verstehen sich keiner interessierte! Was mir egal wäre. Mein Schrieb wurde aber auf die übelste Möglichkeit hin ausgelegt, was einiges über die tätigen Hermeneutiker sagt, die nur von moralischer Entrüstung geschwellte Karriereknallköppe waren. Die westdeutschen Trauerarbeiter brauchten da-

mals eine wohlfeil rabiate Entsorgung nicht ihres schlechten Gewissens als Deutsche über den Judenmord, das glaube ich nicht, das hatten ja gerade die als linke Gerechte nicht und hat auch sonst kaum einer mehr, sondern sie mußten als Menschen, die ihre Karriere an Moral gekoppelt hielten, ihrer allgemein matten Gleichgültigkeit entkommen. Diese Gefühllosigkeit nährt sich an Überreizung; sie frischte sich als Aufregung über ›Entgleisungen‹ in der Presse mit ›Betroffenheit‹ auf. Anstelle eines Kummers oder Bekümmerns fand ein im Grunde lauwarmer Wettbewerb des Trauer-dich-fit statt, als Pose. Die Zeitung machte Auflage dabei, und die Politik lud sich begierig mit Glaubwürde auf. Das alles hatte aber nicht mal annähernd das Sentiment der tristen Operette nach dem Unfall der Prinzessin Diana, bei der wenigstens noch das Volk, am Fernseher, aufrichtig betreten schien.
Mit Jenninger bekam die Gegenwartsbewältigung dann fernsehnationale Dimensionen und wurde endgültig diskothekenreif. An seiner Rede war kein Falsch! Auch am Wie seines Vortrags war nichts ungewöhnlich, wenn man die gewöhnliche Rede im Bundestag kennt. Der Mann mit den schlechten Augen war einfach (zu)fällig! Die Schuld auf ihn gehäuft und beseitigt, war man für die nächsten Jahre kollektiv entschuldet, und alles glitzerte wieder schön doof im Lichte der Lichterketten, in deren Schatten sich besser außenpolitisch flüstern und innenpolitisch schnarchen läßt.
Ein nächstes Fallbeil ging dann auf einen besoffenen Bassisten nieder, der in Israel seine Hotelbarrechnung mit »Adolf Hitler« unterschrieben hatte. Das ist ziemlich blöd, in jeder Hinsicht, nur in einer nicht: Adolf Hitler hat eben am Ende keine Rechnung bezahlen müssen. Nur die Übriggebliebenen. Solche deutschen Komödien müssen natürlich tragisch gespielt und mit Grünschmuck umstellt werden, wohinter man den bösen Bassisten würgt. Seine ›Niedergelegten Schriftstücke‹ kann er jetzt mit »Josef Stalin« abzeichnen. Denn diese

Canaille sollte auch mal für was geradestehen. Zwotens: Schreiben und reden ist eben doch harm- und schadloser als tun und töten. Außerdem hätten sie meinen Text damals nicht nehmen brauchen. Die wollten den aber. Die haben mir dieses Kryptofaszikelchen sogar honoriert!
Verflucht! Man hätte es wissen müssen. Aber man glaubte immer noch in diesem Linksmuff die Reichssiegelbewahrer der Freiheiten und des Verstandes ein für alle mal erkannt zu haben. Falsch! Horte der Freimütigkeit – zuckt nur, ihr Reichsunmittelbaren! – sind Diarium und Stammtisch! Keinesfalls diese linken Schüttelschriften, wo sie sich gegenseitig belauern und ertappen!
Aber meine Gewährsleute und Freibriefler waren eben integer: Höge, Vogel, sogar der halbtagsinfame Droste mit seinem Ehrgeiz, das waren Leute, deren Aufrichtigkeit man sich sicher oder zumindest halbtags sicher sein konnte. Mit Schweinebacken, Karriereplanern oder Geheimpolizisten der Gruppe ›Mehr Haltung!‹ und dem ganzen Taz & Thurnow-Adel hatte man nichts zu tun und wollte es nicht. Dann aber hast du sie als Meute auf einmal am Arsch, und sie jagen dir eine wütende Triefschrift nach der anderen hinterher, und alle guten Vogelschen Schutzbriefe nutzen einen Scheiß, weil sie gleich mit verbrannt werden.
Noch ein post scriptum: Ich war natürlich blöd, ohne Arg solches zu schreiben! Das darf man nicht! Ich möchte mich insbesondere bei denen entschuldigen, die bereits 1921 wußten, wie alles ausgehen würde und die heute noch täglich den Faschismus aufs neue besiegen. Ich wußte ja noch nicht mal 1988, wie alles ausgehen würde!
Nun hatte ich mich also davor frisch und arglos aufs Pressegeschäft eingelassen und nahm auch mal die U-Bahn in die Wattstraße, um mir das da mal anzugucken, wie so ein ›taz‹-Betrieb aussieht, der solch fröhlich freimütige Zeitung macht, und weil das Mittagessen auch gut sein sollte und alles

ganz ganz locker. Na prima! Ich fuhr um die Mittagessenszeit hin.
Unten hockte in so einem Großaquarium eine müde wirkende langhaarige Latzhosenerscheinung, von der es später wichtig hieß, dies sei »der Hausmeister!« – »Sowat gibt's hier?« wunderte ich mich. Man kannte doch seine Hausmeister, Potschen und Blockwärterinnen, seine Frau Kneuters und Herrn Külskes, Teufel noch mal! – »Ja, ja, Hausmeister!« Der sei schwer in Ordnung! Er war es dann auch, wie sich herausstellte. Aber das war nun schon komisch, daß sie sich da einen links-alternativen Kiezwart hinter Glas hielten.
Dann stieg man in den ersten Stock, und schon schlugen einem überall Plakate und Anschläge aller Art entgegen. Alles war über und über beschriftet. Menschen eilten mit wichtigen Zetteln und stieren Blicken aus Zimmern links in Zimmer rechts. Lange Gänge, offne Türen, eine imperative Offenheit wurde zur Schau gestellt, gläserne Redaktöre rannten zu gläsernen Tippsen, gläserne Lesben tranken Mineralwasser aus schwulen Gläsern. Man bekannte sich allerorten zu Genus und Sexus. Im rechten Winkel gingen zwei Gänge geradeaus und nach rechts. Ich dachte, gehst du mal rechts lang.
Was mein Verhängnis wurde. Eine frühe, falsche Entscheidung. Rechts saßen, stellte sich später heraus, meine zähesten InquisitorInnen; geradeaus aber auch. Die Zimmer hatten teilweise auch noch Glasfenster. Man mußte wirklich alles mitansehen! In einigen Räumen hockten wenigstens ein paar sympathisch undurchsichtige Punkerinnen an Schreibtischen vor Flimmerkästen und tippten.
Eine seltsame Sache: Überall standen Topfsukkulenten und Kakteen herum, die Namen trugen. Da waren mit diesen geprägten Klebestreifen überall Namensschilder mit ›Gabi‹ und ›Karin‹ an die Übertöpfe geklebt. Das Pflanzen-oder-Sachen-beim-Namen-Nennen muß ein Lesbenfimmel sein, weil dort, wo ich öfter kopiere – ein bekennender Lesbenbetrieb – haben

die Kopierer auch alle Namen. ›Jessica‹ heißt da zum Beispiel ein A-4-Kopierer, und das Schneidegerät heißt ›Traudel‹.
›Bitte gieß mich!‹-Aufkleber gab's auch reichlich. Klar, ich kannte das, wenn man so ein Beschriftungsgerät zum erstenmal in die Hand bekommt, fängt man eben an wie blöd zu beschriften. Da braucht man nicht unbedingt homosexuell zu sein. Aber das Beschriften mochten sie hier offensichtlich besonders. Hier war irgendwie alles beschriftet! Klar, is ja auch 'ne Zeitung, dachte ich, Zeitung is eben 'ne Schriftfabrik, im Grunde; wenn das erst mal in die Gänge kommt, dann wird geschrieben, was das Zeug hält, und zum Abbremsen schreiben sie dann noch allerlei mehr oder weniger nötigen Blödsinn an die Wände und auf die Blumentöpfe. Vom besessenen »Welches Arschloch läßt hier immer seine/ihre Tempoknüddel rumliegen?« bis zum dumpfen »Hanf statt Kohl!«
Also rechts den Gang runter allerlei haargefärbtes Volk, welches auf Bildschirme starrte, als würde doch noch was Sensationelles an diesem betreffenden Tage darauf erscheinen. Von ›Reuter‹ und dergleichen. Sie warteten auf große Schweinereien, auf explodierte Atombohrlöcher, auf endemische Aids-

Variationen, auf ihre Weltsicht bestätigende ökologische Großkatastrophen und glaubten an ihr tägliches Erscheinen wie an die Wiederkunft Christi. In der Fotoredaktion spuckte ein Apparat am laufenden Meter Fotos aus, und ein paar grantige Lesben wachten darüber wie die Zerberussinnen am Eingang zur Bildwelt.

Der rechte Gang schien vornehmlich der Handarbeit vorbehalten, und an den Tippgeräten saßen vorwiegend Frauen. Reden wir Klartext: Es saßen dort lauter Tippsen, aber nach Kreuzberger Art verkleidet, und die Frauen machten wohl mal wieder die Zuarbeit, während sich im anderen Trakt wichtige Herren das zu tippende Tippgut ausdachten. Halt! Bis auf einen Bartzausel, im rechten Gang, der gerade Pause machte oder nachdenken mußte und der vor seinem Tippschirm, aus einem vielfach umweltrecycelten Stullenpapier, eine Vollkornstulle genüßlich in sich versenkte und vom ›Kampagnentee‹ aus der Thermoskanne nippte. Bis auf diesen waren es erst mal alles weibliche Schreib- und Dienstkräfte, im rechten Gang. Dieser eine rechte Tippzausel war nun aber durchaus angenehm und der erste, der mich hier bemerkt hatte und freundlich zu mir war. Wir plauderten ein wenig.

Er zeigte mir, wo es zur Vogel längs ging. Ich hätte gleich den Gang geradeaus nehmen müssen. Dort kam man in einem Saal an einer Kombüsenecke und einem riesengroßen, ovalen Tisch vorbei, welcher einstmals der berühmte Tisch der Kommune eins gewesen war. Man konnte am Rand noch Kunzelmanns Bißspuren erkennen. Dahinter staffelten sich wieder allerhand Bürokartausen einen Gang entlang. Auf diesem wetzten wieder wichtig herumeilende Rootsläufer umher. Die ›Roots‹-Schuhe und komischen Hasenpfoten waren damals ein alternatives Modemuß, wo man gezwungen war, vornübergebückt zu laufen, um nicht nach hinten zu kippen, was hier den hochwichtigen Beschäftigungslaufstil noch konturierte. Aufgeregt eilte man (und frau) die Gänge entlang in offene Türen rein

oder raus und wedelte mit Tickermeldungen. Plötzlich brüllte ein Gong oder was: »Mittagessen is fertig!«
Und da war nun gar nichts mehr wichtig; sie ließen alles liegen und stehen und rasten mit einmal wie die Bekloppten in Richtung Kombüse und großer Kommune-eins-Tisch. Ich wurde gleich mitgerissen. Kam mir auch sofort vor wie ein Verhungernder unter Verhungerten; wir drängelten alle mit Tellern, die man sich selber nehmen mußte, um die Gulaschkanone, wo ein träger, bunter Haschkopp den Risottomatsch aus'm Kübel auf die Näpfe der Arbeiter und Angestellten der ›taz‹ klatschte. Ich war da automatisch mit reingeraten, saß da und schaufelte wie alle andern gierig das Kraftfutter in die Schädelöffnung.
Dann gab's einen verdauungsfördernden Bohnenkaffee aus Nicaragua. Er zersetzte Grane und Spelze des vollen Korns vermittelst höchstwertigster pH-Notierungen, aber nach unten. Ein echter Anti-›Schona‹ und Ätztrunk! Allerdings gab es schon zögerliche Unterschriftenlisten, von Leuten, denen er langsam die mittelamerikanische Kaffeesolidarität und die Kaldaunen zerfraß und die lieber ›Jacobs Krönung‹ auf legalem Wege zu sich genommen hätten. Ein vieldiskutierter Protest, da ein politisch unkorrekter Zweifel an den Röstkünsten der nicaraguanischen Genossen gegen die hedonistisch gesinnten Magenschleimhäute eduschogewohnter Mitteleuropäer im unversöhnlichen Streite lag. Die Feiglinge unter diesen Mokkasezessionisten nahmen dann Tee zu sich. Der war auch aus Solidaritätsgebieten, hatte aber eine mildere Wirkung.
Es hingen auch dort wieder überall Unterschriftenlisten und Zettel, wie gesagt, sämtliche Oberflächen waren beschriftet. Vom Fußboden teilweise abgesehen. Vorwiegend Gebote, Warnungen, Imperative, Scherzchen, moralische Appelle sowie Aufrufe zu Versammlungen und welche Gebote und Appelle man dort zu beschließen entschlossen war. Der reine Beschriftungswahn.
Die Kulturredaktion. Aha! Dort befanden sich neben Sabine

Vogel noch Gabriele Riedle, ein heiter resches Lästerwesen mit gutem Kern und Drang nach oben, sowie ein rötlich triefäugiges Schlafzimmergesicht namens Kupferdach. Ein typischer Bremsertyp mit Wichtigkeitsnimbus. Die hockten da zu dritt inmitten ihrer Ablagen und tausend Zettel und führten Dauerferngespräche selbst in die allernächste Nähe.
Dann zeigte mir Sabine Vogel das allermerkwürdigste Allerheiligste der ›taz‹: ein Magazin, in dem die nötigen Schreibwarenartikel en gros gehortet wurden. Es umgab einen sofort dieser herrliche Geruch nach Kladden, Radiergummis und HB-Bleistiften in Zwanzigerpackungen aus haushohen Eisenregalen. Vogel baute sich auf und strich mit großer Geste über die hauseigenen Vorräte an Schreibwaren: »Kapielski! Du glaubst nicht, was hier geklaut wird! Gerade die Gestopftesten unter den Linkssittichen stopfen sich hier mit Bleistiftanspitzern, wie sie eine Kleinstadt in hundert Jahren nicht braucht, die Taschen, Tüten und Jutesäcke voll. Also deck dich auch erst mal ordentlich mit dem Nötigsten ein!«
Gut, ich hielt mich an Sabine Vogel. Dann ventilierten wir Themen und »Recher/chen«, wie man gern sagte. Damals war gerade mal wieder was über die Nervensäge Ben Wargin in allen Zeitungen zu lesen, und da hatten wir meinen ersten Fall: Ich wurde als Kampfhund wie Reich-Ranicki auf den Grass-, Baum- und Wurzelquatsch dieses Umweltkaspers gehetzt. Ich nahm mir also Ben Wargin vor. Dieser Mann war mir eigentlich egal. Den nahm man gar nicht wichtig. Wenn er mal zufällig im Fernsehn durch die ›Berliner Abendschau‹ seinen Blödsinn absondern ließ oder mit Bügelmeister Diepgen beim Ginkgopflanzen rumgrinste, konnte man umschalten. Von mir aus sollte er doch die Astlöcher seiner insektenverachtenden Ginkgobäume pimpern! Dendrophile und Bäume stören mich nie.
Aber er hatte nun den S-Bahnhof Savignyplatz verhunzt. Als junger Mensch nämlich war man im Morgengrauen öfters aus

einer der um den Savignyplatz gelegenen Kneipen gekrochen, meist ›Dicke Wirtin‹, und brüllte wie geisteskrank auf dem Savignyplatz herum, irgendwelches Gelalle als Mischdrogeneffekt. Dann legte man sich entweder ins Gebüsch und ließ fünf Stunden gerade sein, um später wieder erfrischt die ›Wirtin‹ anzusteuern, oder man fuhr nach Hause. Ich hauste damals in der Hermannstraße; man mußte die S-Bahn nehmen. Auf dem S-Bahnhof oben setzte man sich so, daß man die haushohe Brandmauer betrachten konnte. Seit Jahrzehnten hatten sich Rußschichten daraufgelegt. Kohlenheizung, Dampfmaschinen, Kriegsbrand, Wind und Wetter. Wunderbare Furchen. Man sah Gesichte und sonst was. Eine Michauxsche Mörtelarbeit in Schwarz. Hanns Eisler, der seinerzeit täglich von Wannsee nach Friedrichstraße zur Arbeit im Osten fuhr, war hier immer ausgestiegen, hatte am Stehbierstand einen Schnaps geatmet, die Wand betrachtet und machte dabei heimlich Skizzen zu den ›Palmströmliedern‹, damit Ulbricht und Becher nichts merkten. Dabei hatte Becher hier früher selbst gesoffen. Da war er allerdings noch bei den bekennenden Expressionisten: »Der Rauche rußger Hain beschattet die Gemäuer.«

Also auf diese Wand war alles aufgetragen, was es zum Leben zu sagen gab; hier war keine Hoffnung zu lesen, aber auch keine Verzweiflung gerechtfertigt. Schicht um Schicht war Gottes schlicht monochromes Wunderwerk in mehr als sieben Tagen aufgetragen, Kriege und Frieden hatten mitgeschrieben, etliche fuhren dran vorbei, waren geboren und gestorben, und nun kommt doch die Berufsberliner Flitzpiepe Ben Wargin und vergeht sich an der Schöpfung, kratzt seine Scheißkunst in diese vollendete Wand hinein! Eine neuerliche Zumutung an Kunst im öffentlichen Raum! Ranzige Lehrtafeln zur Weltverbesserung und Rettung der Schöpfung. Auch Opa mußte nun Grafitti machen. Schierer Tourismus! Letztlich ist solch ein schlechter Künstler ein gescheiterter Mensch und aus

Mangel an wirklichem Erfolg ein bemühter, grantiger Ding- und Weltverbesserer und allkompatibles Sozialutensil. Verflucht!
Nun hätte man ihm für die Schändung der Wand eins auf die Gusche hauen können. So was macht man aber nicht. Ein Ultima-ratio-Hieb muß die Ausnahme bleiben! Nun konnte man ihn aber fernschriftlich und coram publico im Feuilleton der ›taz‹ würgen. In mir lohten schon die kleinen Ekstasen der Machtausübung vom Schreibtisch aus. Dieser kleine, miese, hinterhältige Pressesex, dem sie alle verfallen sind. Von ›Welt am Sonntag‹ bis ›taz‹, mit Dünkel und feuchten Händen. Ich gebe es zu.
So fing ich nun also mit dem Journalismus an. Letzte Seite, Rumpelecke. Man fing an rumzuschleichen, immer auf der Lauer nach Themen, und da saß nun eines Tages mein doofer Onkel Orje vor seiner Tasse Bohnenkaffee und erzählte, gar nicht doof, von den Wirkkräften seines blauen DDR-Passes. Man staunte. Nicht nur der Paß-Bonus, auch sonst allerlei gewiefte Dinger: wie er zum Beispiel monatlich außer den ganzen Aldi-Sachen auch noch zwanzig Exemplare der kostenlosen Apothekerszeitung auf den Rädler schnallte und mit rüberzerrte, weil dort das Westfernsehprogramm des ganzen kommenden Monats abgedruckt war und beachtliche Preise erzielte!
Ich hockte mich abends hin und erfand ein Interview. Mit wem? Orje? – Nee, nich Orje. Nennen wir ihn Erwin! Am 25. März 1988 (sie mußten natürlich wieder neckisch »25. Merz 1988« schreiben) erschien auf der letzten Seite der ›taz‹ mein Ausgedachtes:
›DER BLAUFAHRER – Berlin umsonst mit Paß‹
›taz‹: Erwin, du hast da die neue Alternative zur BVG-Jahreskarte entwickelt und ein Jahr Erfahrung damit.
Erwin: Wie so vieles Gute hat sich das in der Kneipe ergeben. Da sitzt so ein Kerl rum, wir kommen ins Reden, und zu fort-

geschrittener Stunde gesteht der mir, daß er klamm in der Kasse ist. Icke soll also seine Liter mitzahlen. Na, mein Gott, warum nich, wenn man so schön hatte. Nee, nee! Sagt der. Er hat Gegenleistung zu bieten. Und da schiebt der mir einen Paß rüber! Kannste ham. Bumm! Wat soll ick nu mit einem Paß? Und – das war nun noch der Knüller – mit einem DDR-Paß!? Mein lieber Freund, belehrt mich da der Typ: Dieser Ostblaue is hier im Westen ein ›Sesam-öffne-dich‹. Du darfst ihn bloß auf keinen Fall im Osten präsentieren. Er hatte recht, und zwar absolut!

›taz‹: Ja, was macht man damit?

Erwin: Zunächstmal holt man sich einmal im Jahr die 100 Mark ›Begrüßungsgeld‹ beim Bezirksamt ab. Da bräuchte man allerdings noch einen sogenannten ›Gelben‹, den kriegt man in einschlägigen Kneipen für 50 Mark. Hälftehälfte. Das machen aber viele ›Blaufahrer‹ gar nicht.

›taz‹: ›Blaufahrer‹?

Erwin: Das sind alle, die mit Ostpaß reisen. Ohne ausm Osten zu sein. Denn du hast ja als DDRler überall freie Fahrt, wenn du deinen Blauen vorzeigst. Damit hört der Segen aber keinesfalls auf. Berliner Museen und Ausstellungen sind umsonst. ›Grüne Woche‹ und das ganze Zeug an Ausstellungen gratis, Schwimmbad, hereinspaziert! Viele Sachen bekommst du vergünstigt, 1-Mark-Programm.

›taz‹: Stutzt da keiner?

Erwin: Bei Senioren funktioniert die Sache natürlich am besten. Aber man hat sich an zunehmenden Reiseverkehr gewöhnt, daß jetzt auch jüngere Semester hier rumgeistern. Ich meine, der Westen macht hier so großkotzige Propaganda; das kann man ruhigen Gewissens ausnutzen. Und: da keiner genau weiß, wie ein Blauer wirklich aussieht und man dem Osten sowieso nur miese Druckqualität zutraut, geht die plumpeste Fälschung allemal durch.

›taz‹: Sind das Fälschungen?

Erwin: Du kommst auf zwei Wegen an die Blauen. Entweder ein DDR-Rentner ›verliert‹ ihn für 300 Mark West an dich, oder du kaufst in Kreuzberg einen sogenannten ›Dunkelblauen‹ zwischen 200 und 400 Mark. Mit Bild und allen Schikanen! Na ja und dann – Deutsche helfen Deutschen! – freie Fahrt, lebenslang.
›taz‹: Erwin, wir danken dir für das Gespräch und wünschen dir gute Fahrt.
So. Fertig! Und das machst du mal ohne »Kapielski« drunter, dachte ich noch weise und ahnungsvoll aus Furcht vor den Russen, und dann kam das mit Foto von einem Ost-Paß, den einer in die Kamera hielt; das sah dann wie ein richtig echter falscher Blauer aus.
Am Tag darauf rief Agentur ›AP‹ bei der ›taz‹ an. Sie stellten den Nachrichtengeier zu Höge durch: »Ist das seriös, Herr Höge?« – »Natürlich ist das seriös, was denken Sie denn?« Und tikke-die-tak – Wer's glaubt, wird selig! Und die glauben wollen, glauben! – ging der Schwärmer über den Reuterticker in die Welt, und wenn so ein wackeliges Ding nun vom wichtigen ›Reuter‹ oder ›AP‹ aus in den Äther klickert, dann hat das natürlich einen anderen Drall, als wenn so was auf der Spinnerseite in der ulkigen ›taz‹ steht.
Am Montag guckte ich damals gerne das Erste DDR-Fernsehn: 19 Uhr Nachrichten, dann folgte meist so ein verschmiert deutscher Schwarzweißschinken aus den Jahren zwischen dreißig und vierzig, man glaubt's kaum, und danach funkte Sudelede seinen ›Schwarzen Kanal‹ mit der Kapitalismushäme in den Westen und Osten, weil er wußte, daß er wegen seinem Hans-Moser-Nazifilm vorneweg höchste Quoten hatte und alle gar nicht so schnell wegschalten konnten und also einiges davon abkriegten. Damals eine Kultsendung für uns im Westen. (Die sollten sie fairerweise mal wiederholen; Karl-Eduard von Schnitzler hat damals alles gewußt und beschworen, was die Ostgoten nun zeternd bejammern: Alles hat er

ihnen für den Fall des Falles der Mauer prophezeit: Mietwucher, Arbeitslosigkeit, Obdachlosenheime, Drogen, Kassenbrille, Anschiß. Als halbwegs luzider Marxist konnte man das wissen. Und seine Frau hatte auf Westfahrt im ›KaDeWe‹ auch schon geklaut.)
Ich knipste also mein Montagsfernsehn an. Bong!: ›Aktuelle Kamera‹. Die gestrenge Ansagerin, für manche eine echte Wixvorlage damals, Angelika Oberlauf oder so ähnlich hieß sie, war vor eine Abbildung der Gedächtniskirche postiert worden und sprach im Sitzen mit sachlich verruchter Stimme: »Westberlin.« Ein Wort, das damals jedes Übel der Welt auf den Punkt brachte. Und nun wurde auch schon zur besonderen Markantmachung der neuerlichen Westberliner Schweinerei eine Schrift unters Bild gesetzt: »Paß-Betrug an Dokumenten der DDR in Westberlin!«
Ick dachte, ick dreh ab! Au warte! Ab jetzt kannste dein Leben lang fliegen, mein Lieber. Es war doch klar, daß die irgendwie herausbekommen würden, wer hinter Erwin steckte. Der übrigens durchaus ehrenhafte Till Meyer hätte denen das doch gesteckt; der hielt uns Komiker von der letzten Seite als Mann, der mehr so den ernsteren Teil des Lebens kennengelernt hatte, doch sowieso für harmlose bis halbgefährliche Spinner, die man vom verbliebenen Rest des Paradieses in Form der DDR fernhalten mußte, weswegen er ja seine gewissensreinen Kontakte zur Staatssicherheit pflegte. Also nie wieder Helmstedt zu Lande!? Ich hatte bei Transitfahrten sowieso schon immer diesen Erbmulm väterlicherseits und diese tiefsitzende Angst vor Bautzen und Workuta und war feige wie sonst was, und nun auch das noch! Ich kann deshalb auch nicht beschwören, ob ich, als Ostmensch, im Falle der Entscheidungsnotwendigkeiten im Falle »Arschloch Anderson« und »Stasi« nicht auch zum eifrigen Protokollanten geworden wäre. Ich mag wohl ein kecker Schreiber sein (Bellen für Fortgeschrittene), aber wenn so eine Schote mal platzt, kriege ich

es doch ziemlich mit der Angst zu tun. Ich bin ein schreckhafter Feigling, der sich hinter seinen kecken Famosschriften verschanzt und immer hofft, es möge noch mal gut ausgehen. Was nun allerdings meine durchaus möglichen Kollaborationen mit der Staatssicherheit betrifft, so hätte ich sie literarisch anspruchsvoller gestaltet, als es Anderson tat oder tut. Auch wäre ich ein sehr detailfreudiger Informant mit Hang zur großen Form in Nebensachen geworden. Ein halbstündiges Ereignis muß schon zur achtstündigen Lektüre hochgedichtet werden. Dann ist man die spähenden Sachbearbeiter doch vermutlich auch los. Ansonsten ist die Angelegenheit rein moralischer Natur, also Geschmackssache! Und sub specie aeternitatis sowieso wurscht!
So, nun war natürlich Aufregung bei der ›taz‹. Das finden sie immer toll, wenn die halbe Welt bei ihnen anruft und: »Ach! Die tolle ›taz‹ hat wieder was bewirkt!« Da schrappen sie dann wieder mal knapp über die rentable Auflage und sind stolz wie die Spanier, weil alle Konkurrenten auch ein bißchen mit an den hausgemachten Spektakeln lecken und lutschen möchten. Von überall schwirrten Anfragen herein. Alle wollten Erwin!
Da ich nur alle paar Tage höchstens mal auf zehn Minuten zu Mittag bei der ›taz‹ einkehrte, um meine Texte zu apportieren und zu speisen, riß zunächst mal ein vom Ehrgeiz zermergelter, rothaariger Lokalredakteur und Gremlitzer-Preisträger namens Claus Christian Malzahn den Erwin an sich und fuhr nun ausgiebig auf meiner Pisse seinen Kahn namens Malzahn! Wer ›Jim Knopf und der Lokomotivführer‹ kennt, weiß in etwa, was das bedeutet! Ich war aber doch auch ganz froh darüber, daß dieser sonst ewig an den Magengeschwüren der linken Sitte herumdokternde Streber den Blödsinn auf sich geladen und sogar Spaß dabei hatte. Der soll das mal fortführen, dachte ich, und ich wollte auch wieder keinen Ärger haben oder schuld sein, daß der Dritte Weltkrieg in Gang kam.

Ich hatte der DDR 1988 noch lebenslänglich zugedacht und machte mir Sorgen um meine Flugreisekosten. Später dann, als mir die Posse im zehnjährigen Jahresjubiläumsbuch der ›taz‹ namentlich vorenthalten wurde, war ich allerdings beleidigt.
Presseknüller sind, wenn sie es einmal sind, Selbstläufer und Kettenreaktionen. Dann hängen sich auf einmal alle rein, und im allgemeinen Determinatengewimmel entfernt sich der Erwin in immer höhere Umlaufbahnen, bis das Ding aus Verdruß an der Dauer des Ereignisses still verabschiedet oder von was Neuem abgelöst wird und in den Orbit saust. Die von sich aus funktionierende Gleichschaltung unserer Presse befördert diese Lawinentätigkeiten noch um ein weiteres.
Es ist erstaunlich, wie gemütsnormiert diese Pressepeter funktionieren. Wie ferngesteuerte Deppen stürzen sich plötzlich alle im Feuilleton auf einen Film. Es gibt noch andere, aber nein, telekinetisch greifen sie alle in die gleiche Filmdose. Man achte mal darauf, wie sie dann aus der Fotoauswahl, die in jeder Pressemappe für Filme steckt, immer alle unabhängig voneinander das gleiche Foto abdrucken. Günter Grass wird siebzig, bumm! Alle trommeln sie ihr Blech zu Grass ab. Dabei wird im selben Jahr Franz Mon auch siebzig. Der Mann ist interessanter, aber sie müssen alle den Grass wiederkäuen und wieder schlecht finden.
Wäre ich im Oktober 1987 anläßlich seines zwanzigsten Todestages auf die dumpfe Idee gekommen und hätte gesagt, ich mache was über Ernesto Che Guevara, hätten die mich für doof gehalten: Das ist gegessen, wird nie wieder Thema, laß die verbuddelte Scheiße! Eine metaphysisch wirksame Koinzidenz zwingt sie aber plötzlich alle am 9.10.1997 mit heller Aufregung in einen kollektiven Artikelwahn, und dann nagen sie alle gemeinsam hochwichtig an den Knochen des alten Partisanen.
Im März 1988 war Flaute. Nun also kam Erwin, und Erwin fanden sie gut. Ein in Sorge um Deutschland ernstzunehmen-

des Thema, das in der Branche zündete. Der doofe Berliner
›Tagesspitzel‹ flog natürlich auch auf Erwin rein; ein hochbesonnener Dummkopf hatte sich eine leutselig hochpolitisch daherdräuende Kolumne vom Griffel geschubbert: »Oh,
Erwin! Hättest du geschwiegen im Bierdunst deiner Eckkneipe! Uns wäre eine weitere Belastung der innerdeutschen
Beziehungen erspart geblieben« und so weiter lustig dumpf
und doof. Heute behaupten sie ja alle, sie hätten die DDR
immer nur prinzipienfest geärgert und gequält, dabei galt es
damals als schick und tagesspiegelbildlich vernünftig, vernünftig und freundlich zur DDR zu sein. Die um Klassen noch
dämlichere ›Berliner Abendschau‹ im Fernsehn vernahm sogar
schon Begrüßungsgeldbevollmächtigte vor Rathäusern, die
ganz erschüttert von nichts wußten und sich beim besten
Willen nichts erklären konnten.
Die von der Welt draußen nun überhaupt nichts begreifende
DDR aber erklomm derweil den Gipfel der Blödheit und war
wie immer sowieso beleidigt. Mann, waren die doof! Mit ein
wenig Humor hätten die doch schadenfrohe Schaumschnitten
draus schlagen können. Aber die moribunden Zentralkomitees
brauchten ja damals diese westprotzigen hundert Westmark
pro Rentner bereits ganz bitternötig, um ihre Dienst-›Volvos‹
zu betanken.
Schließlich verglimmte der blaue Quatsch in schmächtigeren
›taz‹-Spalten. Mit ein paar getürkten Fortsetzungen hätte man
die Sache strecken können, aber so professionell war ich nicht.
Und der Malzahn war inzwischen wohl auch von einigen Bedenken politischer Korrektnis umflort; er zog ruckartig die
Flossen aus dem Feuerchen. Vielleicht hatte er Anrufe von
beiden deutschen Außenämtern erhalten und machte sich nun
auch Gedanken über die Flugpreise.
Nun dachte ich, jetzt weißt du, wie das funktioniert. Ein paar
Wochen später dachte ich mir wieder solch eine Posse aus:
Es ging um die Ladenschlußzeiten. Ein Thema, das Leiden-

schaften auslösen konnte, aber keine Weltkriege. Ich hatte mit meinem Türken an der Ecke Sonnenallee/Fuldastraße ausbaldowert, wie wir, also er und die Presse, die Ladenschlußgesetze aushebeln könnten. Wenn er nur gedurft hätte, hätte mein Gemüsetürke sofort Tag und Nacht aufgesperrt; er fegte sowieso umtriebig die halbe Nacht seinen Laden und konnte die Zwangspause und gesetzlich geknebelte Geschäftigkeit sowieso nie begreifen. Und ich war immer froh, wenn ich noch um halb acht abends um Brot und Tomaten klopfen konnte.
Was konnte man tun? Ich war damals Mitglied in einem Videoverleih geworden und fragte die nun, warum sie ihren komischen Videoladen bis Mitternacht und sogar Sonntag auflassen dürfen und die andern aber nicht? »Tja, es wird eben nichts verkauft, sondern es wird vermietet!« – Aha!
Ich lief zum Türken und sagte: »Ali, du mußt deine Tomaten vermieten!« Er ließ es sich umständlich erklären. Um die Sache in Gang zu kriegen, kopierte ich noch Clubkarten und schrieb den Artikel. Aber, wie das so ist, das Thema zündete nicht. Ali war das zu hoch, und er hatte Schiß um seinen Gewerbeschein, und außerdem interessierte der Ladenschluß eben damals noch keinen so richtig. Das Land schnarchte noch im tradeunionistischen Dauernickerchen.
Man meint oft, so als Pressefuzzi, hier hast du jetzt was ganz Tolles aufmontiert, das wird ein Knüller! – Denkste! Dann aber kommt aus einer verborgenen Ecke, auf Grund eines harmlos gemeinten Wörtchens, in einem harmlosen Artikel über ein zehnjähriges Diskothekenjubiläum, eine Lawine angedonnert, vor der du vier Monate herrennst, um nicht verrückt zu werden.
Ja, was nutzt es einem, schlau zu sein, wenn man blöd ist: Manches darf man nicht in Zeitungen schreiben; was im Buch balanciert sein kann, ist dort zu sehr entblößt, folglich vulgär, schamlos und explosiv. Die Blätter sind eben auf Spektakel und Skandal angelegt. Und bei den linken belauern sie sich

alle gegenseitig mit besonderer Lust und warten auf verirrte »Neger«; dann kommt so richtig gemütlich diffamiliäre Stimmung auf! Kampf, Kritik, Einheit! Dann darf auch ein linker Tugendwächter und Chefredakteur die Genüsse einer fristlos verordneten Kündigung schmecken. Hinterher rücken alle schön zusammen, und jeder Übriggebliebene liest seine Aufsätze fortan lieber noch mal durch, ob er nicht etwa eine »ZigeunerIn« übersehen hat.
Beim Fernsehn liegen die Dinge anders. Heute, 1997, ist es, umgekehrt proportional zum Ulk im Fernsehn, außerhalb des Fernsehns ernster geworden. Draußen nehmen sie dem Kramer (der Mann mit dem Wollhelm) und mir eine Kneipe nach der anderen weg und erhöhen dauernd die Bierpreise, da ruft

ausgerechnet der Po- und Bierkneifer Donnerlippchen aus'm Fernsehn an, ob wir in dieser Sache bei ihm auftreten! Man würde ganz fröhlich und locker über unsere Gaststättenverluste plaudern wollen. Wie kommen die da drauf?
Ich hatte mit Bernd Kramer, weil es uns nun langsam reichte, einen ausgedacht dumpfen »Interessenverband zum Schutze und immerwährenden Erhalt der Gaststätte ›Zum Goldenen Hahn‹« gegründet. Wir saßen eben oftmals bei Inge und fürchteten irgendwie untergründig, daß sie uns bald auch noch die letzten Bierlöcher in Bankfilialen oder türkische Gemüsepaläste umfunktionieren würden. Beim ›Blauen Affen‹ hatte schon ein bedenklicher Wirtswechsel und eine Preiserhöhung stattgefunden. Man mußte also Inge stärken; vielleicht unsere einstmals letzte Zuflucht.
Also ein Briefkopf mit »Interessenverband« und dann losgedröhnt: »Gemäß den Richtlinien für die Durchführung der Konvention zum Schutz des Kultur- und Naturerbes der Welt beantragen die Unterzeichner bei der Deutschen Unesco-Kommission, daß die Gaststätte: ›Zum Goldenen Hahn‹, Berlin Kreuzberg, Heinrichplatz, als Kulturerbe der Welt in die Liste Deutscher Denkmäler aufgenommen wird.
Begründung I.
1. Die Gaststätte bildet mit ihrer Wirtin Inge, ihrer Kellnerin Diana und ihren wohlgesinnten als auch überaus einnehmenden Gästen ein einzigartiges sozial- und millieuästhetisches Ensemble. Stimmt auch!
2. Die Gaststätte ist Zeugnis noch bestehender, hochentwikkelter Trink- und Geselligkeitskultur; in ihren Räumen wird gastronomische Könnerschaft in unverwechselbarer Manier zelebriert. So ist es!
3. Die Gaststätte beherbergt singulär und epochal bedeutsame Ausstattungen: ein funktionstüchtiges Heizregister, ein Hirschschädelfragment, einen präparatorisch beachtlich ausgestopften Uhu, die treffliche Reliefdarstellung eines Schäfer-

hundhauptes, diverse Dessauer Bauhaus-Bestuhlungen sowie ein an sich und zentralheizerisch überflüssiges, aus konservatorischer Rücksicht dort aber belassenes ziemliches Ofenrohr nebst rühmlichem Allesbrenner. Nicht unerwähnt darf eine in dieser Art seltene Tischbedeckung bleiben, läßt sie doch, wenn auch in Fragmenten, die hohe Kunst der Teppichwirkerei (Anjou, frühes 13. Jahrhundert) erkennen.

4. In den Erlebnisräumlichkeiten des ›Goldenen Hahns‹ kommen, unter vornehmer Hinwegsehung über etwaige Standeszugehörigkeiten, alle Schichten der Bevölkerung zum bisweilen herzhaften Dialog oder auch alleinseligen Beträumen ihrer Alltagslage zusammen. Bacchantinnen, Alltagsjongleure, starke Raucher, behende Sozialhilfeartisten, wertkonservative Sauerländer, Mottenquäler, Herrenausstatter, Gralshüterinnen, Mund- und Fußtrinker.

Begründung II.

Die sozialpolitischen Veränderungen in Deutschland bedingen insbesondere seit 1989, daß öffentliche Räume und vollendet belebte Baulichkeiten, zu denen auch die obengenannte Gaststätte ›Zum Goldenen Hahn‹ zählt, durch gewinngierige Wühlarbeiten und Designsucht postmodern gleichgeschalteter Architekten ihrer Überlebensmöglichkeiten beraubt werden.

Die Unterzeichner verstehen sich als Radikal-Konservatoren, die Erhaltenswertes unter Einsatz ihrer psychischen und physischen Kräfte und vermittelst aller ihnen zur Verfügung stehenden Trink- und Denkfähigkeit bewahren wollen. Der ›Goldene Hahn‹ ist nicht nur seiner einzigartigen historischen Authentizität wegen bewahrenswert, sondern kräftigt auf vorbildliche Weise die sittliche Festigkeit seiner Gäste sogar langfristig und in internationaler Hinsicht. Daraus ergibt sich zwingend, daß die Gaststätte ›Zum Goldenen Hahn‹ als höchstlöbliches Unikat in ihrem jetzigen Zustande auf die Liste Deutscher Denkmäler zu setzen ist. Es wird für notwendig erachtet, daß die Unesco sich schützend und bewahrend und ohne Einschränkung hinter die Gaststätte und ihre Kundschaft stellt.

Denn: »Ist das Trinkgefäß erst leer, macht es keine Freude mehr!« (W. Busch)

Berlin, den 1. Mai 1997

Bernd Kramer & Thomas Kapielski«

Na, lustig! Wurde gut aufgenommen bei Inge, wurde tüchtig gepietschert drauf! Und dann gaben wir so paar Kopien rum, spielten Pressemitteilung und rumms!, sprang die gemäßigte ›Bild‹-Variante ›B.Z.‹ aus dem Hause Springer an, schickte zwei ihrer netten Jungfitties mit Lehrling vorbei, und als es schon keiner mehr glaubte, kam die Doppelseite vier und fünf mit Balkenschrift: »Kreuzberger Kneipe so wertvoll wie Sanssouci?« Dazu Fotos vom Hirschen und Hunderelief, Gruppenfoto innen, Foto der Antragsteller draußen beim gestellten Annageln der Unesco-Schutzschildchen und am Hammer der Schriftsteller »Bernd Kapielski (45)«.

So. Zwei Tage Ruhe, dann Kettenreaktion. Nun allerdings nicht bei der Presse, sondern beim Fernsehn. Das ging so: Telefon: »Guten Tag, mein Name ist Sabine Unholdt von Avanti-Media-2000-Filmproductions. Wir haben von Ihrer echt lustigen Initiative im ›Goldenen Hahn‹ gehört und fanden das echt super und wollten da gleich mal vorbeikommen und eine Produktion anrecherchieren. Könnten wir uns dort gleich treffen?« – »Nö.« – »Nein?? Warum denn nicht?« – »Ich muß erst fragen, ob die das überhaupt wollen, die Wirtin und die Gäste.« – »Ja, sagen Sie mal, der ›Goldene Hahn‹ hat ja gar keinen Telefoneintrag. Ich würde da sonst gleich mal anfragen.« – »Die wollen kein Telefon.« – »Ach, das ist aber echt kraß. Trotzdem, ich geb Ihnen jetzt auf jeden Fall mal meine Handy-Nummer.« – So, so, da hatten wir jetzt eine richtig flotte informelle Mitarbeiterin aus der privaten Fernsehproduktion an der Funkstrippe. Ich wollte sie weghaben: »Moment mal, Frau Avanti, da ist noch was. Wir wollen Honorar!« – »O!« – »O ja! Zweitausend!« – Betretenes Schweigen, der Beschuß mit Interjektionen fand ein jähes Ende. Kurze Besinnung und dann: »Herr Kapielski, da muß ich Sie mal zu Herrn Hochkant durchstellen.« – Knick knack: »Guten Tag, Hochhut von Avanti-Media 2000! Was wollen Sie denn mit so viel Geld?« – »Das, was Sie damit vielleicht auch wollen würden. Wir möchten bei Inge einen Bierfonds einrichten, damit auch bei Flaute unter den Armen ausgeschenkt wird.« Ab hier hielten die uns immer für voll voll und echt kraß verblödet.

Täglich klingelten mehrere solcher privaten Filmzulieferer und fanden alles total gut und echt super. Ab zweitausend Mark wurde man durchgestellt, und beim Bierfonds fanden die voll guten Absichten regelmäßig ihr Ende.

Bis Jürgen von der Lippe auch erst mal eine Tussi zum Anrecherchieren auf Kramer und mich ansetzte. Geldprobleme schienen die nun gar nicht zu haben. Im Gegenteil, sie deuteten unsere hohen Bierpreise sogar als Zeichen medialer Professionalität aus. Es sollte irgendeine Live-Sendung werden; da mochten sie sichergehen, daß die zwei kecken Kneipenretter nicht im Angesicht der vielen Scheinwerfer und Kameraonkels mit feuchten Händen dasitzen, stottern und schwitzen. Also macht man einen Probedreh, schaut, ob die Herren halbwegs fotogen den weiten Weg in die Fernsehstuben überstehen, und will auch sonst noch einiges Privates wissen, damit man weiß, wer man ist und was man fragen könnte und in welcher Hinsicht der Moderator doofer als die Kneipenretter sein könnte. Sie bereiten sich vor: Tausend Absicherungen prästabilieren die ›Live‹-Harmonie!

Ich rief Kramer an. Kramer begeistert. Mir war die Sache unheimlich. Ich hatte solche TV-Kurzauftritte schon erlebt. Man wartet den halben Tag in öden Funkhäusern; sie achten wie die Besessenen darauf, daß man sich vorher ja keinen ansäuft, und dann wirst du in der Maske mit einem Puder be-

strichen, der für dreißig Minuten die Schweißdrüsen außer Funktion setzt. Und dann sitzt du da, im gleißenden Licht, und weil der Schweiß ja irgendwo raus muß, tropft er um so stärker aus den Hosenbeinen und bildet unten peinliche Pfützen. Ein gutlauniger Profi tritt auf, labert voller Begeisterung in den Kameraschacht mit der roten Lampe und schießt seine Salven ab. Dann fragt er was Unklares, du sagst: »Ja, schon...«, und das war es dann schon! Sie beklatschen dein »Ja, schon, ä...«, und dann kommt auch schon der nächste Patient hereingegrinst, um sein »Ja, aber, ä...« von sich zu geben. Dann darf man ein Taxi in ein Mainzer Hotel nehmen und sich auf eigene Rechnung an der Hotelbar besaufen. Mit dem etwas später eintreffenden anderen »Ja, aber«-Mann hockt man zwischen gemütskranken Vertretern und macht Manöverkritik: »Nächstesmal muß man gleich, ä, dazwischenreden und seine wichtigen Sachen sagen, wa?!« – »Genau!«

»Kramer«, empfahl ich, »das lassen wir lieber! Gegen die Säue kommst du nicht an. Da geht's um den Lippe und nicht um uns.« Um im Fernsehn zu bestehen, muß man eine gewisse

Stärke haben. Die kann man sich antrainieren, aber es ist auch eine gehörige Portion Naturtalent nötig. Den Wolfgang Neuss schafft nicht jeder! Und wenn man frech wird im Fernsehn, dann ziehen sie dir das Mikro runter und schalten die Kamera auf eine andere Grinsbacke, da kannst du rumfuchteln, wie du willst. Dezente Herren führen dich notfalls nach hinten ab in die Kulissen. Ich hab es erlebt.

Wir waren uns schließlich einig, wir machen das trotzdem mal. Das wird schon! Dann schickte Kramer zur Anrecherche seinen anarchistischen Verlagskatalog und seinen verferkelten ›Schwarzen Kalender‹ mit hin, und das Problem war erledigt. Eine freundliche Absage, und man hörte nie wieder was von Donnerlippe.